NICOTINA ANÓNIMOS (NicA)

EL LIBRO

Quinta Edición

Nicotine Anonymous World Services, Inc.
Dallas, Texas

Descargo de responsabilidad

Esta traducción fue proporcionada por un miembro de Nicotina Anónimos. Servicios Mundiales de Nicotine Anónimos la acepta de buena fe como el mejor esfuerzo del miembro para mantenerse fiel al contenido e intento original de Nicotina Anónimos: el Libro.

CONTENIDO

PRÓLOGO

Preámbulo

Nicotina Anónimos (NicA) es una agrupación de hombres y mujeres que tiene como propósito el ayudarse mutuamente a vivir la vida libre de la nicotina. Compartimos nuestra experiencia, fortaleza y esperanza para que juntos nos veremos liberados de esta adicción tan poderosa. El único requisito que se exige para formar parte del grupo es el deseo de descontinuar el uso de la nicotina. No tenemos cuotas ni se cobran derechos por la membresía; solo tenemos una contribución voluntaria dirigida al mantenimiento del grupo. Nicotina Anónimos no tiene alianzas con ninguna secta, religión, entidad política, organización o institución; tampoco participa en controversias, y no se opone como tampoco se solidariza con causa alguna. Nuestro propósito principal es ofrecer apoyo a aquellas personas que están tratando de liberarse de la nicotina.

(Reimpreso para adaptación con el consentimiento del Grapevine de AA)

En 1988, nuestra comunidad (en aquel tiempo se llamaba Fumadores Anónimos) preparó un cuestionario para los miembros. En 1992, la primera edición de este libro fue publicada, basada en las respuestas a este cuestionario. Fue nuestro primer intento de describir la forma en que nos recuperamos de esta poderosa adicción y cómo mantenemos nuestra abstinencia. La segunda edición corrigió muchos errores gramaticales y cambió algunas de las referencias a "fumar" a "la nicotina". La tercera edición incluye el prólogo y *Una nueva libertad—la historia de Rodger*. La cuarta edición incluye una sección revisada del cuestionario que combina y reorganiza las respuestas, una explicación más extensa de las Doce Tradiciones y nuestra recién adoptada Oración del Séptimo Paso. La quinta edición incluye algunas revisiones al texto.

Las cuatro secciones

Parte I—Nuestra historia se basa en las respuestas de los miembros al cuestionario. Describe nuestras experiencias comunes e individuales, antes y después de lograr abstinencia de la nicotina, y está escrita en forma cuasi-biográfica.

Parte II—Cuestionario y "Citas citables" contiene un resumen de citas individuales y "notables" de las respuestas al cuestionario.

Parte III—Los Doce Pasos de Nicotina Anónimos describe nuestro programa de recuperación de la adicción a la nicotina, como mantenemos nuestra libertad de esta poderosa droga, y cómo vivimos una vida más útil y feliz.

Parte IV—Las Doce Tradiciones de Nicotina Anónimos es una guía para los principios fundamentales que guían nuestro trabajo al llevar el mensaje de Nicotina Anónimos al adicto a la nicotina que aún sufre.

Una nueva libertad
La historia de Rodger

Rodger F. es uno de los co-fundadores de Nicotina Anónimos (NicA). Esta es su historia personal de recuperación de la nicotina con información histórica sobre el inicio de lo que hoy se conoce como Nicotina Anónimos.

Miraba hacia abajo y me daba cuenta de que tenía dos cigarrillos encendidos ardiendo en el cenicero. La punta ardiente de un cigarrillo se caía en mi regazo mientras manejaba. Cuando estaba resfriado tomaba jarabe para la tos sólo para poder calmar la garganta lo suficiente para fumar un cigarrillo. Si sabía que usted no fumaba, llevaba mi coche en vez de la suya. Yo era adicto a la nicotina.

Vivía para fumar. Pero nunca me lo admitiría, a mí mismo, ni a nadie. Sin embargo, 50 a 80 veces al día realizaba el rito de palmear mis bolsillos en busca de mi cajetilla, encontrar un cigarrillo, sacarlo y sujetarlo entre mis labios, encontrar y encender un cerillo, y, por último, gracias a Dios, dar una pitada al cigarrillo. Sentía la aspereza en mi garganta, la sensación de alivio casi inmediato, esa presión en mis pulmones. A menudo inclinaba la cabeza hacia atrás y exhalaba como si estuviera expulsando un respiro profundo y satisfactorio. Luego, dependiendo de cuán bajo estaba mi nivel de nicotina, o daba pitadas frenéticamente para inyectar la nicotina en mis pulmones y erradicar esas sensaciones de carencia física, o si solo me quedaba un cigarrillo, jugaba tranquilamente con él, o lo utilizaba como palo de seguridad. Me encantaba fumar.

Utilizaba los cigarrillos para calmar todas mis emociones, incluyendo el nerviosismo, el miedo, el amor, el estrés, e incluso la felicidad. Los cigarrillos eran una parte integral de mi persona. Eran parte de mi propia imagen. Me veía como una estrella de cine, hablando con un cigarrillo colgando de la comisura de la boca. Yo quería ser un personaje del cine negro, emocionalmente condenado; de pie con un cigarrillo en la mano y rodeado de un remolino de humo como en el cartel de la película *Chinatown*. Reaccionaba a la música con mi cigarrillo. Enfatizaba mis palabras con un cigarrillo. La culminación del sexo era un cigarrillo. El fumar era simplemente lo que yo hacía y lo que yo era.

Sonaban los teléfonos, arrancaban los coches, se apagaban las luces de no fumar en los aviones y yo encendía un cigarrillo. Mis amigos nunca olvidaron que yo era un fumador. Lo sabían, se acordaban.

¿Cómo pude llegar al punto en que mi adicción a la nicotina había consumido tanto mi personalidad como a mi mismo?

Probablemente, nací adicto a la nicotina. Mi madre fumó durante su embarazo y estoy seguro de que me volví adicto desde el principio en el vientre materno. Por supuesto, no tengo ningún recuerdo de esto. Sí me acuerdo de esos viajes largos con mis dos hermanas mayores en el asiento de atrás y yo entre mi madre y mi padre en la parte delantera. Nadie pensaba en el humo de segunda mano en aquel entonces, mientras que mi madre llenaba el coche con su humo y dejaba las ventanas cerradas para protegernos del aire frío pero limpio de Dakota del Norte. Mi padre dejó de fumar a los treinta y pocos años y con excepción de una recaída durante mi infancia, yo no lo recuerdo como fumador.

Mi madre, sin embargo, sí era fumadora. Recuerdo el olor a tabaco en su ropa y pelo y en todo nuestro hogar. Ella era joven entonces y nadie cuestionaba el hecho de que fumaba. Creo que me crié pensando que el fumar era una cosa natural que se hace.

Cuando tenía 15 años, vivíamos al lado de una familia con cuatro niños que eran mis amigos. Uno llamado Ralph fue el garbanzo negro de la familia y fue él quien, a través de la cerca del patio trasero, me familiarizó con los cigarrillos. No era gran cosa. Ralph lo hizo parecer rebelde y de moda. Creo que al principio sentí un poco de nauseas, pero eso pasó pronto, sustituido por la sensación de la pitada, la pitada larga y maravillosa de un cigarrillo.

En el pequeño pueblo de Oregon donde yo vivía entonces, había una máquina expendedora de cigarrillos fuera de una estación de servicio que cerraba a las nueve cada noche. Después de que los asistentes se habían ido, llegaba yo con mi moneda de 25 centavos— lo que costaban a finales de los años 1960—y compraba mi cajetilla.

Yo fumaba durante la preparatoria. Demostraba una personalidad adictiva en otras áreas también, usándolo todo—del alcohol, a las drogas, a las chicas. Yo era y soy una de esas personas que, cuando algo tiene un efecto placentero, tengo que usarlo hasta el punto de abuso y adicción. Hasta hace siete años, no había tomado cafeína durante 18 años. Entonces, una mañana llegué a una entrevista de trabajo. Estaba cansado porque acababa de regresar de la Costa Este. La recepcionista me dijo que se tardarían unos minutos, y me preguntó si quería una taza de café. Me pareció buena idea en ese momento, lo que también es uno de los temas recurrentes de mi vida. Me tomé el café, me fue bien en la entrevista, y a pesar de que estaba nervioso, me dieron el trabajo. La cafeína funcionó para mí.

Un año más tarde, después de un día muy atareado de citas y reuniones, fui a mi médico en torno a las cinco de la tarde. Me tomó la presión arterial y frunció el ceño. "Usted tiene la presión alta. Voy a tener que recetarle un medicamento".

Yo le respondí: "Eso es imposible. ¡Siempre he tenido la presión baja! ¡Soy corredor! Nunca he tenido problemas de presión".

El médico no se impresionó y me dijo que volviera en 30 días para reconfirmarlo. Me fui a casa esperando morir dentro de poco. Volví 30 días después en la mañana temprano, ansioso de escuchar las malas noticias. La enfermera llegó, me tomó la presión, y me preguntó la razón de mi visita.

"Presión alta, ¡por supuesto!"

Me miró con curiosidad y dijo: "Usted tiene la presión baja".

El médico llegó, confundido, y comenzó a hacerme preguntas. Por último, preguntó: "La vez anterior que estuvo aquí, ¿tomó cafeína ese día?"

Lo pensé: "Sí, probablemente unos cinco expresos dobles, tres tazas de café, y tal vez una Coca-Cola, ¿por qué?"

"¿Y hoy?"

"Esta mañana nada".

"Creo que ya encontramos el problema".

Soy un adicto y fumaba como un adicto. Fumaba durante la secundaria lo más que podía. Estando solo en la universidad, le di rienda suelta a mi hábito de fumar. Empecé a fumar más de una cajetilla al día y luego más de dos. Fue a finales de los sesenta y tomaba anfetaminas, estudiaba, y fumaba. Bebía y fumaba. Con todo fumaba. Fumaba y guardaba los cupones que metían en las cajetillas. Decía en broma que iba a utilizarlos para comprarme un pulmón de acero. Más tarde, cambié de marca. En Europa, fumaba marcas europeas—al principio los cigarrillos con filtro y más tarde los sin filtro. De vuelta en los Estados Unidos, encontré una marca equivalente sin filtro. Como fumador de cigarrillos sin filtro, me salieron manchas amarillas en los dedos y tenía que sacar tabaco de entre mis dientes. Recuerdo que cuando olía mi dedo en cualquier momento tenía un fuerte olor a tabaco.

En 1977, inicié un viaje espiritual de recuperación en otro programa de 12 pasos que continúa hasta ahora. Por desgracia, mi hábito de fumar aumentó, a menudo superando cuatro cajetillas al día. Las salas de reuniones estaban llenas de humo, y me dijeron que no me preocupara por mi hábito de fumar porque había problemas más urgentes. Por lo tanto fumaba sin parar. Durante una reunión podía fumar una cajetilla entera. Si me iba a almorzar o cenar, fumaba hasta la llegada de mi ensalada, y luego fumaba un par de cigarrillos rápidamente antes de que llegara el plato principal. Me convertí en un sistema de soporte de vida para un cigarrillo.

Después de haber estado en ese programa para más o menos un año, estuve platicando con un recién llegado que no fumaba. Empecé a decirle que las cosas mejorarían, pero fui detenido por un espasmo de tos. El recién llegado me miró como si estuviera loco, como si me estuviera matando. Tuve un momento de lucidez y me di cuenta de que sí estaba loco; que me estaba matando, y que me faltaba mucho para completar mi recuperación.

Había tenido una tos desde mi adolescencia. Había escuchado las advertencias de los médicos durante una década. Aún así no podía dejar de fumar. Cada año hice un propósito de Año Nuevo de dejarlo para el final del año. Cada año fracasaba.

En esa temporada, fui a terapia de pareja con mi primera esposa. En un momento emocionalmente amenazante, la terapeuta me preguntó algo. Hice una pausa, y comencé a sacar un cigarrillo de la cajetilla. Entonces la terapeuta me tocó el brazo y me preguntó: "¿Puede usted esperar con el cigarrillo hasta después de que hayamos hablado de esto?"

Le respondí: "Por supuesto". Oculté la rabia que sentía. Yo quería ese cigarrillo, quería el tiempo que ganaría, el alivio que me proporcionaría, y la comodidad inducida por la nicotina. Le respondí de manera cortante, y me disculpé para ir al baño. Ahí fumé varios cigarrillos por el resentimiento que sentía contra la terapeuta, la cual estaba sentada en la otra habitación ganando un dólar por minuto. Una vez más, hubo un momento de claridad cuando me di cuenta de que la nicotina realmente me afectaba emocionalmente.

Siempre había oído que el fumar era un pequeño hábito desagradable. Con fuerza de voluntad cualquiera podía dejar de hacerlo. Pero si era sólo un pequeño hábito, ¿por qué parecía que yo estaba obsesionado con el tabaco, minuto a minuto? Comencé a darme cuenta que no era un pequeño hábito, sino una adicción mayor.

Un buen amigo mío del programa, Al B., me llamó al trabajo un día. Al me caía bien porque fumaba igual que yo. Con él nunca tuve que esconder la magnitud del problema, porque él estaba tan adicto como yo. Hablamos un rato antes de que me contara que tenía unos materiales sobre un programa para dejar de fumar y que si me gustaría acompañarlo a una de las sesiones. No sé por que, pero le dije que sí, y nos fuimos.

En la primera sesión, los facilitadores describieron su programa para dejar de fumar y, impulsado por Al, me inscribí. Después de seis semanas de clases y un esfuerzo bastante serio, dejé de fumar. Me gradué. Empecé a correr y me obsesioné con eso. Y luego con la comida. En los próximos meses, mi novia y yo nos mudamos a un pueblo lejano en el Sur de California donde comencé un nuevo trabajo. Estábamos pasando por muchos cambios y un día discutimos.

Mi reacción fue manejar a un pequeño mercado y comprar una cajetilla de cigarrillos. Empecé a fumar un cigarrillo tras otro. Fui a Los Ángeles y me reuní con Al para almorzar. Se sorprendió al verme fumando y me dijo que tirara la otra mitad de la cajetilla, y lo hice. Lo que se me ocurrió fue que después de seis meses sin fumar, cuando había surgido una determinada situación, yo no tenía absolutamente ninguna defensa contra el primer cigarrillo. Lo hice sin pensar. Manejé, compré, fumé.

Sin embargo, al día siguiente mi mente comenzó a funcionar. Lo que me dijo es que había fumado unos pocos, pero luego había tirado el resto de la cajetilla y no había fumado más desde entonces. Tal vez podría controlarlo. Ese día me fumé unos cuantos. Cuatro días más tarde, me dije a mí mismo que todavía podía aguantar seis horas sin un cigarrillo. Después de un mes ya fumaba un par de cajetillas al día. Fue otra dura lección. Con el primer cigarrillo, me enganché de nuevo. No fue la primera cajetilla, no fue después de la primera semana. Fue ese primer cigarrillo que me hizo un fumador, fue cuando cambié de ser no fumador a ser adicto a la nicotina de nuevo.

Años después recuerdo una conversación con un amigo que había dejado de fumar y se había convertido en corredor. Sin embargo, me confesó que recientemente había empezado a fumar un cigarrillo de vez en cuando. Le dije: "Ay, así que ¿te has convertido en fumador de nuevo?" Él me contradijo, diciéndome que yo no entendía, que sólo fumaba un cigarrillo de vez en cuando. Él no era fumador. Le respondí que yo creía que definitivamente otra vez era fumador. Se hizo con el primer cigarrillo. Varios meses más tarde, cuando ya fumaba una cajetilla al día, estuvo de acuerdo conmigo.

Después de mi desliz, fumaba como una chimenea con el máximo remordimiento. Un amigo, Dan H., me pidió que le ayudara a dejar de fumar. Agitando un cigarrillo bajo su cara, le dije que no había funcionado para mí. Stephanie S. me dijo que debería iniciar una reunión de Fumadores Anónimos. Le contesté que a lo mejor no se había dado cuenta de que otra vez estaba yo fumando. Por último, Betsy, una mujer mayor, me preguntó si el programa para dejar de fumar alguna vez me había enviado su boletín de noticias. A ella le gustaría verlo. Cuando llegó, le llevé la literatura. Estaba tan feliz que insistió en que los dos fuéramos a la siguiente sesión. Yo era demasiado complaciente con la gente y Betsy me caía demasiado bien para decepcionarla. Fuimos. Betsy me presionó para inscribirme de nuevo.

Después de seis semanas, otra vez dejé de fumar. Esta vez fue diferente. La primera vez había sido fácil, una luna de miel. Esta vez fue difícil. Fue una pesadilla: los deseos y las obsesiones, junto con los problemas físicos. Yo tenía narcolepsia, me quedaba dormido incontrolablemente, sobre todo tras el volante de mi coche. Apenas podía manejar.

A través de los años había aprendido algunas lecciones en mis intentos de dejar de fumar, especialmente en mi otro programa. Yo no tenía ninguna defensa contra el primer cigarrillo, la nicotina era astuta, desconcertante y poderosa, y, lo más importante, tenía que regalar la abstiencia si quería mantenerla.

Localicé a Dan y a Stephanie y les dije que iban a dejar de fumar. Les ofrecí una combinación de la clase para dejar de fumar y un programa de Doce Pasos. Nos juntamos en restaurantes una vez a la semana. A veces teníamos unas pocas personas. A veces yo fui el único que se presentó. Después de unos meses me sentía sensacional. Me sentía liberado de mi obsesión con los cigarrillos. Descubrí que Dios podía hacer por mí lo que yo no podía hacer por mí mismo.

Estaba corriendo. Como fumador, siempre había supuesto que uno corría hasta ya no poder respirar. Pronto me di cuenta de que podía correr hasta que mis músculos me dijeran que parara y todavía me sobraba bastante aliento. Ese fue un punto enorme de gratitud para mí, entrar en contacto con, y apreciar, un cuerpo que yo había abusado durante tantos años.

Significativamente, decidí comprometerme a regalarlo, a ayudar a otros a dejar de fumar. Después de varios meses, cuatro de nosotros nos juntamos una tarde de domingo en Venice Beach. Dan, Rob K., y yo habíamos dejado de fumar mientras que Stephanie lo estaba intentando. Decidimos iniciar una reunión y llamarla Fumadores

Anónimos. A la semana siguiente, a finales de junio de 1982, nos reunimos en mi departamento en Santa Mónica. Había tal vez una docena de personas. Dos semanas más tarde, Maurice Z. asistió y dejó de fumar. Él llegó a ser una de las personas más importantes en los primeros años de nuestra comunidad. Otros llegaron a nuestra reunión de discusión donde comimos palomitas y bebimos agua con gas. Pronto era demasiada grande para mi sala y nos cambiamos a un cuarto en Roxbury Park en Beverly Hills.

Yo servía y confiaba en mi Poder Superior y funcionó. No he probado la nicotina desde el 17 de febrero de 1982.

Esos primeros años fueron excitantes. Recibía un alto volumen de llamadas telefónicas cada día. Cometimos muchos errores. Al principio decidimos que uno de los Pasos no aplica al consumo de tabaco y fuimos temporalmente el primer programa de 11 Pasos. Maurice, un autor, escribió un artículo para la revista *Reader's Digest* que se publicó en mayo de 1985. Llegó una avalancha de cartas al apartado postal que me había prestado un amigo. De hecho, el volumen de cartas le obligó a conseguir otro nuevo. No teníamos literatura, así es que armamos una carta y un formato de reunión, y algunos de nuestros números telefónicos. Durante semanas, los miembros de nuestra reunión Roxbury Park se quedaron mucho tiempo después de la reunión, con el fin de responder a todas las cartas. Enfilamos mesas y creamos una línea de montaje para plegar y armar paquetes para los miembros potenciales.

Una de las cartas que recibimos fue de David M., anunciando que él era miembro de una reunión de Fumadores Anónimos en San Francisco que había comenzado dos años atrás. También descubrimos que Georgie S., junto con Doug H., había recientemente iniciado una reunión de no fumadores para miembros de Alcohólicos Anónimos en el Valle de San Fernando. Hace poco ella se había mudado de Nueva York, donde había asistido a reuniones allí de miembros de AA que estaban usando los Doce Pasos para dejar de fumar. Poco después, la reunión de San Fernando se convirtió en una reunión de Fumadores Anónimos.

Dentro de un año, había un centenar de reuniones.

El artículo en la revista también creó controversia. Al menos dos corresponsales eran personas que afirmaron que habíamos violado sus derechos legales. Uno de ellos afirmó que él era el titular de la marca registrada nacional para Fumadores Anónimos y otro grupo afirmó tener el nombre comercial registrado en California de Servicios Mundiales de Fumadores Anónimos. Fue David M., quien en su manera tranquila y espiritual, habló con las personas de Servicios Mundiales de Fumadores Anónimos y, finalmente, resolvió el problema. El conflicto con el partido titular de la marca registrada continuó hasta la conferencia de Phoenix en 1990.

En 1986, los miembros del Norte de California propusieron que se celebrara una conferencia en Bakersfield, California. Treinta y cinco personas del norte y el sur de California llegaron a celebrar nuestra recién formada comunidad. Dimos talleres. Bill H. de San Francisco preguntó si éramos realmente un programa de Doce Pasos; el consenso general fue que sí lo éramos. A través de la comunidad de nuestro programa, los 12 Pasos, y la creencia en un Poder Superior a nosotros, habíamos superado una adicción sobre el cual pensábamos que éramos impotentes. El año siguiente, hubo una segunda conferencia en Monterey en la que Maurice Z. fue nuestro primer orador principal.

En esos primeros años, los grupos de San Francisco establecieron el primer intergrupo y comenzaron a usar una pequeña habitación en el Drydock, una casa club de los 12 Pasos, dirigida por David M., como su base de operaciones Aprendiendo de la experiencia del Norte de California, los grupos del Sur de California también formaron un intergrupo con Georgie S. como la primera moderadora. Después de algunos años, Georgie se trasladó a San Francisco donde se involucró en el programa. Ella y David se convirtieron en nuestro primer romance en Fumadores Anónimos que llevó al matrimonio.

Me había convertido en amigo de varios de los miembros de San Francisco, en especial de Bill H., quien fundó nuestro boletín de noticias, *Seven Minutes*. Un día él y yo estábamos asistiendo a una reunión de otro programa de 12 Pasos en la calle Guerrero. Al salir, Bill dijo que había estado pensando que deberíamos poner en marcha una organización de Servicios Mundiales. Le dije a Bill que empezar una organización de Servicios Mundiales sonaba demasiado grandioso. Pero Bill persistió y con el Intergrupo del Norte de California puso en marcha planes para establecer una organización de Servicios Mundiales en la próxima conferencia programada para mayo de 1988 en San Francisco. Esta fue la primera conferencia de Servicios Mundiales. Fue durante esos tres días que establecimos la organización que continúa funcionando hasta hoy en día. Ser elegido como el primer moderador de Servicios Mundiales de Fumadores Anónimos fue un gran honor para mí. Julie W. fue elegida secretaria y Elizabeth D. tesorera.

El año siguiente fue un año muy emocionante para todos nosotros. Estábamos armando una organización que apoyaba una membresía cada vez mayor y un número creciente de reuniones. Teníamos que escribir pólizas y procedimientos, estatutos, y literatura. Tuvimos problemas inducidos por crecimiento y discusiones durante las que algunas personas se salieron de las reuniones enojadas. Cometimos errores, pero luego tratamos de reparar el daño de inmediato y rectificarlo. La gente dedicó horas y horas de su tiempo en servicio para ayudar crecer a nuestra comunidad y acercarnos a más y más adictos.

Personalmente, yo me estaba quemando y tenía un sentido exagerado de mi propia importancia. He escuchado a muchas personas que fueron miembros fundadores de nuestra comunidad describir los mismos sentimientos. Para varios años, yo era a la vez el moderador de los Servicios Mundiales y el moderador del Intergrupo de Los Ángeles. Sentí que tenía que ocupar todos estos cargos y hacer todo ese trabajo porque el programa me necesitaba. Me sorprendí cuando por fin presenté la silla intergrupal a las elecciones y fui reemplazado rápidamente. Lo que encontré fue que un Poder Superior a todos nosotros dirige y guía nuestra comunidad, no yo, ni tampoco cualquier otra persona. Todos somos indispensables y completamente prescindibles al mismo tiempo. Justo cuando pienso que mi último proyecto o tarea fallará si no estoy, alguien se adelanta y lo lleva a un nuevo nivel.

En 1990, tuvimos nuestra primera conferencia fuera de California, en Arizona. Durante el año anterior a la conferencia, Jack C., un miembro fundador de Fumadores Anónimos en Orange County, y yo habíamos trabajado con un abogado de marcas registradas para tratar de resolver la disputa con la persona titular de la marca registrada nacional de Fumadores Anónimos. Jack, un ex piloto de combate en el Cuerpo de Marina durante la Segunda Guerra Mundial, no estaba dispuesto a rendirse y yo tampoco. Llegamos a la conferencia con varias opciones sobre como batallar y quitarle el nombre Fumadores Anónimos a la persona titular de la marca. Fue entonces que los dos, en el calor de la discusión en Phoenix sobre este tema, nos dimos cuenta de que teníamos que dejar de luchar contra todos y todo. Por razones legales y para definir claramente y exactamente quiénes éramos, nuestra conciencia de grupo llegó a la conclusión de que teníamos que cambiar nuestro nombre a Nicotina Anónimos. Fue un verdadero cambio de pensamiento que despertó mucha emoción. La gente estaba encariñada con nuestro antiguo nombre. Sin embargo, éramos adictos a la droga nicotina, no sólo éramos ex-fumadores. Éramos adictos a la nicotina.

También ha habido gran tristeza para mí. Mi madre, quien fumó durante mi infancia, por fin dejó de fumar a los 62 años. Estaba tan feliz por ella y esperaba que yo había sido un ejemplo positivo. Sin embargo, algunos años más tarde, el daño hecho durante toda una vida de fumar apareció en forma de enfisema. Avanzó lentamente. Para cuando traje a mi primer bebe varón a conocer a su abuela, ya usaba oxígeno bastante seguido y estaba sentada en la mesa de la cocina con su tanque y máscara. Mi hijo menor sólo la conoció una vez cuando tenía seis meses de edad. En octubre de ese año, mi madre contrajo pulmonía. Tomé un vuelo para ir a verla de inmediato. Sobrevivió tres días. El médico dijo que con el enfisema, su estado no era muy esperanzador. Me quedé con ella casi constantemente esos días. Hablamos y traté de consolarla por su dolor. Ella dijo, "Tenía muchas ganas de ver crecer a tus niños", y "¡Como pasan los años!" Entró en coma. El martes en la mañana, después de acompañarla en su habitación toda la noche, me dijeron que no faltaba mucho tiempo. Llamé a mis hermanas, mi padre, y su cura. Todos llegaron. Nos pusimos de pie en un círculo tomados de las manos con mi madre. Mientras rezamos el Padre Nuestro, ella falleció. Que Dios la acompañe.

Su certificado de defunción dijo pulmonía, pero sin el enfisema ella habría sobrevivido. Su madre vivió más de noventa años. Estoy convencido de que sin el fumar y la nicotina, mi madre habría vivido para ver crecer a mis hijos.

Ellos, Jordan y Matthew, son dos de las más grandes bendiciones de mi vida y son bendecidos con un padre sano, activo y comprometido. Rara vez o nunca están expuestos al humo de cigarrillo y nunca han visto fumar a su padre, lo que reducirá en gran medida el riesgo de convertirse en adictos a la nicotina.

Quiero mucho a esos chicos. Quiero a este programa.

A través de los años hemos crecido. Muchos se han sentido decepcionados de que no hemos crecido más rápidamente. Parece que sólo una pequeña fracción de nuestros miembros sigue asistiendo y entrando en servicio. Muchos, si no la mayoría, utilizan nuestro programa para dejar de fumar y luego desaparecen. A veces es desalentador para aquellos de nosotros que seguimos sirviendo. Lo que sé es que, para mí, dejar de fumar no era la respuesta. Tengo una personalidad adictiva. Si me dejan que me las arregle solo voy a volver a mi adicción. Mi experiencia con el café me lo dice. Aunque crea que nunca volveré a fumar, ¿por qué correr el riesgo? Se me ha dado tanto física, emocional y espiritualmente en este programa que sólo me parece natural seguir asistiendo a las reuniones y prestando servicio para que pueda mantener lo que he encontrado aquí.

Hoy tengo respeto y consideración por mi cuerpo y el deseo de vivir una vida saludable durante el tiempo que Dios lo permita. He dado un paso aún más lejos de la naturaleza adictiva de mi personalidad y hacia una humanidad compasiva. He sido bendecido con una nueva libertad.

Parte I
Nuestra historia

Cada día comenzaba igual: ansiosos, cansados, sin energía, atontados, con cruda, drogados ... y con un deseo inmediato e irreprimible por la nicotina. Lo que normalmente nos hizo despertar era la llamada de la nicotina, excepto que a veces nos dábamos una fumada, incluso antes de encontrar fuerza para levantarnos. Después de la primera dosis, nos sentíamos armados y listos para enfrentar el día.

La edad promedio cuando empezamos esta costumbre insensata era dieciséis años. Desde entonces hasta que paramos, la nicotina afectaba, literalmente, cada minuto de nuestras vidas. Hasta mientras dormíamos, la droga circulaba a través de nuestra sangre, cambiando nuestros patrones de respiración, alterando nuestros ritmos cardíacos, reestructurando nuestros sueños, y preparándonos para la dosis de la mañana siguiente.

La nicotina era parte de cada una de nuestras emociones. Independientemente del sentimiento o de la necesidad percibida, allí estaba. Inquietud, miedo, ansiedad, enojo—había nicotina. Felices, acompañados, calentitos y a gusto con un libro—había nicotina. Bebiendo, conduciendo, escribiendo, hablando por teléfono, mirando televisión, entre plato y plato y después de comer—allí estaba la nicotina. Cualquiera que fuera la hora del día, el ambiente, no importaba con quien estábamos, la droga nos acompañaba, unida a nosotros, y eso nos parecía totalmente apropiado y necesario.

La nicotina era nuestra compañera más cercana y siempre presente. Incluso los colores y las formas del envase de cualquier sistema de distribución que elegíamos—cigarrillos, cigarros, pipas, tabaco de mascar o en polvo—nos daba consuelo. Decíamos que la publicidad no podía engañarnos. Sin embargo, elegíamos marcas de acuerdo con nuestro sentido—manipulados por los medios de comunicación y las artimañas de promoción—lo que nos hacía sentir más sofisticados, más femeninas, más masculinos, más parecidos a alguien famoso—más parecidos a cualquier imagen o fantasía o escape que buscábamos.

La nicotina era nuestra amiga, nuestra aliada y nuestra compañera constante. Su poder nos daba un arranque al principio del día; nos apoyaba todo el día y nos permitía seguir adelante, y más tarde estaba presente para acostarnos por la noche. La nicotina era nuestra compañera en la alegría más efusiva y en la más profunda tristeza. La nicotina lo era todo, en todo momento, y siempre confiable. ¿Cómo no podríamos amar a nuestra nicotina?

Sin embargo, el romance era conflictivo. A pesar de que habíamos desmentido lo que nuestros padres nos habían dicho, que el fumar podría detener nuestro crecimiento, no podíamos negar los síntomas físicos que poco a poco empezaban a afectarnos a casi todos. Poco a poco la evidencia científica crecía hasta llegar a ser una prueba irrefutable de que la nicotina mata, ya sea a través de un infarto, cáncer, insuficiencia respiratoria, o una serie de otros horrores. El Cirujano General de los Estados Unidos había publicado advertencias durante un par de décadas. Había letra pequeña en cada paquete, en cada cartel y en cada anuncio de revista. Veíamos las advertencias, incluso cuando cerrábamos los ojos. Estábamos enterados de las advertencias. Las advertencias estaban profundamente arraigadas en nuestros cerebros. Pero la negación y la adicción ganaron el día, la semana, el mes y el año.

Engancharse a la nicotina a menudo requería un proceso de aprendizaje. Como nuestros cuerpos eran más inteligentes que nosotros, se rebelaban. Tosíamos, nos ahogábamos, sentíamos nauseas, y tal vez hasta vomitábamos. Sin embargo, a través de la persistencia, llegamos a dominar el proyecto. Podríamos ser como la gente grande—padres, estrellas de cine, y otros ídolos. O podríamos ser rebeldes. Sea cual sea la motivación, logramos éxito en el aprendizaje. Lo hicimos bien, y nos enganchamos.

Si el primer encuentro con la nicotina fue cuando estábamos solos o con amigos, por lo general fue una transición bastante rápida desde la experimentación hasta el punto en que la droga había ganado la partida. Muy pronto, los sentimientos deseados se activaron—lo que fuesen, ya sea para ser "duro", "en la onda", "grande", "de moda", "apartado", "rebelde"—y de repente nos distinguimos de la gente normal.

Una vez que descubrimos que la nicotina podría darnos lo que percibimos que necesitábamos, dentro de poco la droga acudió a nuestra ayuda en casi todo y para cualquier cosa. Por lo tanto, usábamos la nicotina si estábamos, queríamos estar, o si no sabíamos si estábamos en las nubes o abatidos.

Muy rápidamente, aprendimos a fumar en la dicha y en la adversidad. Algunos fueron capaces de continuar, al menos por un tiempo, con deportes y actividades más físicamente exigentes, pero para la mayoría, esos tipos de actividades—de hecho, todos nuestros horizontes—rápidamente empezaron a limitarse.

Encontramos desaprobación de nuestra conducta más a menudo, sobre todo en los últimos años. Había implicaciones, o acusaciones de debilidad. Para evitar las críticas, a veces elegíamos sólo asociarnos con otros que usaban la nicotina. Pero en realidad no se podía esconder de una vergüenza cada vez mayor y un temor secreto de que una sustancia tomaba control de nuestras vidas y de nuestros seres. Mientras hacíamos esfuerzos para dejar de usar la nicotina— esfuerzos que resultaban ser inútiles una y otra vez—fue creciendo un sentimiento de desesperación, lentamente para algunos y más rápidamente para otros. Se nos hacía cada vez mas claro que íbamos a tener esta adicción hasta el día que nos muriéramos, y no importaba lo buenas que fueran nuestras intenciones, la droga las atropellaría. Mientras los fracasos y derrotas se amontonaban, nuestra autoestima disminuía como consecuencia. Había un espiral, y sin duda daba vuelta hacia abajo, y nos llevaba consigo.

En retrospectiva, fumando o usando nicotina en cualquier forma fue parte de una existencia en general engañosa. A menudo comenzaba con mentirles a los padres—un acontecimiento bastante grave en la vida de la mayoría de los jóvenes. Luego las mentiras se vieron agravadas por robarles cigarrillos a los padres. Luego siguieron mentiras sobre cuántos cigarrillos fumamos. Las mentiras y los engaños hicieron girar el espiral para abajo aún más rápidamente.

Presentamos innumerables *razones* de porqué comenzamos a fumar. Nuestros amigos fumaban y queríamos semejarnos a ellos. ¿Podríamos ser aceptados por los amigos si no fumábamos o usábamos la nicotina como lo hacían ellos? Nuestros padres fumaban, así es que sabíamos desde la niñez que llegaríamos a ser fumadores. O, "empecé a fumar a los diecisiete años para no engordar; mi madre dijo que era mejor fumar que ser gorda". Para aquellos que empezaron de jóvenes, existía el intento de parecer mayor, de parecerse a los adultos, especialmente en los años 1940, 1950 y 1960, cuando fumar era una entrada aceptable y de moda a la adultez, un rito de paso común. Fumar era parte de *la buena vida* y parecía que todas las estrellas de cine fumaban. El fumar también se relacionaba con el aburrimiento—¡no había nada más constructivo que hacer con la vida!

Detrás de estas *razones* se esconde una realidad más sombría: casi ninguno de nosotros hizo una decisión totalmente informada y en plena conciencia de convertirnos en usuarios de nicotina. Las personas que nos rodeaban—compañeros, padres, ídolos—usaban nicotina, y nosotros imitamos su acción, como un atrevimiento, por curiosidad, o como "hicieres lo que vieres", sólo para ver cómo era.

Fuera lo que fuese lo que descubrimos cuando empezamos, los descubrimientos nos hicieron volver para más de lo mismo. Una sensación de madurez, rebeldía, sofisticación, maldad, para estar "de moda" (ya sea con un grupo popular o un grupo apartado), estar "en la onda". Con un cigarrillo, no se necesitaba nada más para ser fino, elegante, o rebelde. Se producía una transformación instantánea—de lo mundano a lo glamoroso y más allá. Por lo menos, encontrar aceptación, o mejor aún, admiración y estima en nuestros propios ojos y en los ojos de quienes nos rodeaban.

Nuestros cuerpos empezaron a antojar las sensaciones físicas producidas por la droga, al igual que nuestras emociones comenzaron a desear el sentido de mejora psicológica que llegamos a asociar con la nicotina. La nicotina empezaba a ocultar o aplacar algunos temores vagos y persistentes—o tal vez algunos temores más específicos. El uso de la nicotina escondía nuestro miedo a las personas. La nicotina ocultaba el miedo a la comunicación con los demás. "Enmascaraba mi miedo de hacer algo, manteniéndome sentado con un cigarrillo".

Mientras que muchos de nosotros usamos la nicotina durante años sin preocuparnos, la mayoría con el tiempo empezamos a sentirnos culpables por la forma en que tratamos a nuestros cuerpos y / o a nuestros bolsillos. Nuestra conciencia de los efectos de la nicotina aumentó y nos dimos cuenta que más personas a nuestro alrededor estaban dejando de fumar. O teníamos una mayor sensación de sentirnos "menos que" nuestros compañeros quienes, al parecer, fueron capaces de dejarlo sin dolor, o una idea inventada de ser "mejor" que los que lo dejaron—de alguna manera más fuertes por nuestra capacidad de seguir fumando a pesar de la opinión pública.

Una mayor sensación de aislamiento comenzó a desarrollarse a causa del mismo "hábito" que originalmente nos había "ayudado a ser aceptados en la sociedad". Esto quizás no era del todo indeseable, porque para entonces, algunos de nosotros cortejábamos el aislamiento y usábamos la nicotina para llevarnos o mantenernos allí.

El uso de la nicotina llegó a afectar a todas las partes de nuestras vidas: profesionalmente, en los deportes, en nuestro tiempo libre, socialmente y sexualmente. Éramos incapaces de trabajar sin nicotina, y esto surgía de la firme creencia que la nicotina era nuestra gran ayuda, que era el combustible que encendía la creatividad. Sentarnos a fumar por lo general era nuestra preferencia en vez de estar moviéndonos—más que hacer cualquier cosa atlética. Las actividades sedentarias, en combinación con el humo, fueron el enfoque de nuestro tiempo libre y de nuestras actividades sociales. El sexo sin cigarrillos era impensable.

Las consecuencias físicas del fumar se hicieron más notorias y más innegables. Pérdida de la respiración y de la voz, o peor aún, cáncer, e incluso pérdida de las cuerdas vocales o de los pulmones. Una mujer ha escrito: "Creo que el fumar causó un aborto espontáneo durante mi 5 ° mes de embarazo, por lo que perdimos al único varón que concebí". La mala circulación y el enfisema también fueron problemas. La lista continúa. Fue parte de la vida tener dolores en el pecho y pulmones doloridos, y saber que la tez enfermiza y las arrugas faciales en el espejo eran resultado del fumar. Había ropa quemada, muebles quemados, pero mucho peor fue el terrible temor de enfermarse gravemente, tal vez incluso de morir, a causa de fumar. Entonces fumábamos para ocultar ese miedo también.

La vida familiar también sufrió. Las circunstancias varían, pero una historia dramática dice así:

> "Tres de mis cuatro hijos son adictos a la nicotina y perdí la custodia del más joven. Mi situación emocional desesperada, alimentada por la nicotina, fue un factor contribuyente importante. El niño era alérgico al humo y tuvo que sufrir cuatro convulsiones febriles antes de que nos pusiéramos de acuerdo en no fumar en la casa. El médico amenazó con acusarme a mí y a mi marido de abuso infantil a menos que dejáramos de fumar en torno a este bebé".

Frente a tales experiencias, la mayoría de nosotros tratamos de dejar de fumar o al menos controlar nuestro hábito. El primer intento por lo general fue el posterior, y las siguientes son las varias técnicas que usamos:

- Comprar una cajetilla a la vez
- Cambiar de marca
- Ir a lugares donde no se permitía fumar
- Fumar menos, contar los cigarrillos
- Fumar sólo en ciertos momentos del día
- Dejar de trabajar
- Pagar una multa por cada cigarrillo fumado (ahorrando para el próximo cartón.)

Parecía que había poco apoyo para tratar de dejar de fumar, o esa fue nuestra racionalización. Los amigos que seguían fumando probablemente se sentían amenazados por nuestro abandono y no apoyaban nuestros esfuerzos, aunque pocos hicieron una campaña activa en contra de un intento de dejar de fumar. Pero sobre todo se trataba del apoyo tácito de los amigos y parientes fumadores que logramos interpretar como una promoción para la continuación del "habito". *(Ellos no hablan de dejar de fumar, así que ¿por qué lo haría yo?)* La racionalización también podría ser así: "A mi familia entera (menos mi madre) le fue imposible convivir conmigo cuando trataba de dejar de fumar hasta por solo un par de horas, así es que me animaron para que no dejara de fumar".

El negar que la nicotina representara un gran problema impulsaba la continuación de la adicción a la nicotina. La amplia circulación de literatura para la salud en los años 1970 y 1980 comenzó a ayudar a desmentir esa negación. El concepto de que el uso de la nicotina fuera una adicción llegó más tarde y ha sido aceptado con menos facilidad. Pensábamos que fumar, usar tabaco en polvo o de mascar solo eran hábitos desagradables. Sin embargo, nuestro comportamiento mostró la depravación y la locura de los adictos que en realidad éramos—dispuestos a hacer todo lo posible para conseguir la próxima dosis. Cavando en botes de basura, recogiendo colillas de los ceniceros, o hasta de la cuneta de la calle, caminando en vecindarios peligrosos o conduciendo en tormentas heladas en la oscuridad de la noche, ignorando los grandes peligros para nosotros mismos y posiblemente para otros. Ninguna vergüenza o degradación parecía demasiada para soportar en busca de la nicotina.

Alguien contó esta historia:

"Fue una de esas noches deprimentes y lluviosas, una noche perfecta para quedarse en casa. Me había quitado el maquillaje, rizado el pelo, puesto un vestido viejo y descolorido y un par de calcetines gruesos de lana y, al fin, me hice bolita en el sofá a leer el periódico. Pero me di cuenta de que no podía concentrarme. Lo único en que podía pensar era que quería un cigarrillo. Y sabía que no tenía ninguno escondido en la casa. Traté de sacarlo de mi mente, pero llegué al punto en que ya no podía soportarlo más.

"Ni siquiera me molesté en sacarme los rizos del pelo. Agarré un viejo impermeable, lleno de agujeros, y me puse unas botas de lluvia ridículas de tacón alto y de color naranja sobre mis calcetines gruesos. Me dirigí a la tienda de conveniencia en un centro comercial cerca de mi casa. Para mala suerte, vi a alguien que conocía en la tienda y, debido a la forma en que iba vestida, me dió vergüenza entrar.

"Había un bar muy cerca. Se veía bien oscuro. Entré. No vi una máquina expendedora de cigarrillos de inmediato, pero un hombre estaba parado en el bar, fumando. Me acerqué a él y le ofrecí 25 centavos para un par de cigarrillos.

"Me regaló tres o cuatro, pero se negó a aceptar mi dinero. Antes de que pudiera darle las gracias, me miró con lástima, me abrazó y dijo: '¿Estás bien? ¿Puedo buscarte algo de comer? ¿Puedo ayudarte en algo?'

"Me di cuenta de que parecía vaga, allí parada con mi pelo en rizos, el vestido viejo colgando debajo del impermeable roto, con botas de color naranja sobre mis calcetines de lana … mientras pedía cigarrillos.

"Le aseguré que estaba bien, le di las gracias por los cigarrillos y, agarrándolos, me escabullí del bar hacia la noche, con miedo de que el hombre me siguiera y me viera subiéndome a mi auto nuevo. Me regresé a casa sabiendo que había llegado a un punto bajo en mi vida".

Usábamos la nicotina para superar la timidez en grupos, para distanciarnos de la gente, y para aislarnos. El consumo de la nicotina puso una cortina de humo entre nosotros y aquellos que "temíamos". Muchos de nosotros nos sentíamos "sofisticados" mientras usábamos la nicotina—elegantes, equilibrados, mundanos, poderosos, valientes y confiados. Una persona describió como la nicotina afectaba su sentido de si mismo así: "en la onda". Un tipo callado, carismático, centro de atención como las estrellas del rock. Misterioso. Importante. Yo he estado allí. Sin embargo, otro combina el "en la onda" y lo "positivo" con un lado más negativo: "Me sentía seguro, avergonzado, equilibrado, perverso, "cool", controlado, falso, pero sobre todo—enfermo". La autoestima baja definitivamente fue una de nuestras características sobresalientes.

La nicotina cambió nuestras relaciones con los demás, incluso los no fumadores y los que abogaban en contra del tabaco. Sentíamos resentimiento contra estos tipos. Nos hacían enojar. Nos enojábamos sólo viendo mensajes de servicio público en la televisión sugiriendo que deberíamos   pensar en dejar de fumar. Nos sentíamos discriminados. Los lugares públicos dejaron de ser seguros. Una persona escribió: "A veces mientras comía en el mostrador de un restaurante alguien se quejaba de que mi cigarrillo le molestaba. Mi respuesta a menudo fue brutalmente cruel, tal como: 'Pues muévete como seis banquillos—¡no sirves para nada!

Hasta el hogar podía convertirse en una zona de guerra sobre el uso de la nicotina. "Tuve conflictos con mi novio. Dejé de fumar en la cama. No le gustaba el olor en la habitación". Otro escribió: "Mi padre no quería que yo fumara en el coche porque el humo se metía y permanecía en el sistema de aire acondicionado. Por supuesto, intentaba no hacerlo, pero la obsesión por consumir la nicotina me vencía y luego discutíamos". Otro tuvo conflictos con su esposa: "Mi esposa perdió a su primer marido por cáncer del pulmón por lo cual no quiere que yo fume. TENÍA QUE DEJAR DE FUMAR—y ya".

Muchas veces, nuestros primeros intentos de dejar de fumar los hicimos simplemente por querer satisfacer el deseo de otra persona que no usáramos la nicotina. Dejar de fumar fue casi siempre con total incredulidad de que podría haber vida después de la nicotina. No podíamos imaginar los actos más cotidianos, como hablar por teléfono, sin un cigarrillo. Los esfuerzos más complicados, como comer o tener relaciones sexuales eran inconcebibles si no iban acompañados por nicotina.

También nos cegábamos a los costos financieros del uso de la nicotina. Pocos observaron de cerca el dinero que se hacía humo. "Después de mi primera reunión de Nicotina Anónimos, lo calculé— $ 1,100 al año y $ 23.000 desde que empecé a fumar hace veintiún años. El pago inicial de la casa que siempre había anhelado".

Sólo había voluntad a regañadientes de admitir que la nicotina tenía algo que ver con la bronquitis, la sinusitis, los resfriados, la tos, el asma, y la mala circulación que nos había tocado. Evitábamos la lectura de informes médicos que tenían que ver con los efectos de la nicotina. Quemábamos agujeros en nuestra ropa, alfombras, muebles, y quemábamos a nuestros amigos y a nosotros mismos. Agarrábamos los puntos encendidos de cigarrillos entre los dedos, o las dejábamos caer en el regazo, a veces mientras manejábamos. Para aquellos que mascaban el tabaco, derramábamos el jugo sobre nosotros mismos, nuestros autos, camas y amantes. Nos metíamos en accidentes debido al uso de la nicotina. Perdíamos horas de trabajo y usábamos días de enfermedad (a veces con pérdida de salario). Pero éramos muy hábiles para racionalizar o pasar por alto estas desgracias, nunca sumándolas para así poder ver la situación entera—seria y desagradable. La nicotina trabajaba su maldad en pequeños incrementos, fáciles de ignorar.

A pesar de la negación feroz y dominante, tratábamos de dejar de fumar. Pagábamos por estos intentos fracasados económica y psicológicamente. "Mi respuesta emocional al no poder mantenerme sin fumar fue culpabilidad y una sensación de impotencia. Simplemente reafirmó lo que ya sabía y lo que de todos modos era en parte mi actitud hacia la vida—estoy incapacitado / mal / soy un fracasado, y no importa cuan duro lo intente, sigo estando incapacitado / mal / sigo siendo un fracasado".

Reacciones ante la incapacidad de dejar de fumar por lo general incluían frustración, odio a uno mismo, y una resignación desesperada a seguir usando la nicotina para siempre. Algunos estaban más decididos que nunca que dejarían de fumar. Pero antes de que eso finalmente ocurriera, volvíamos a caer en la nicotina por días, semanas, meses e incluso años.

La vida como un adicto a la nicotina se basaba en la negación. La mayoría de nosotros nos sentíamos infelices y abusados por todos y todo. Nos sucedían cosas malas y un montón de cosas negativas caían sobre nuestras cabezas, se metían en nuestras vidas, y de alguna manera se ponían en nuestro camino. Vergüenza por la adicción alimentaba nuestros sentimientos de mala suerte, causando desconcierto y rencor. Nos sentíamos plagados de dudas, ansiedad y resentimiento. La felicidad rara vez fue una opción para nosotros.

Como parte de sentirnos menospreciados, muchos de nosotros pensábamos que podríamos encontrar la felicidad si otras personas o circunstancias *nos hicieran el favor de cambiar.* Utilizábamos muchísima energía tratando de controlar a los demás, o, como Don Quijote, cargando contra molinos de viento. Dejábamos las cosas para más tarde. Nos escapábamos en la nicotina y / o con otras drogas. Cualquiera que fuera nuestra *solución,* evitábamos enfrentamiento con el verdadero culpable—nuestra adicción.

Una sensación de seguridad en los entornos sociales estaba siempre disponible detrás del escudo protector de la nicotina. Cuando la sociedad y la ley comenzaron a regular nuestro comportamiento mediante la restricción de los lugares donde se podía fumar, nos poníamos desafiantes y enojados, ignorando las reglas y violando la ley. Otra reacción para muchos era meter el rabo entre las piernas e ir a otra parte para disfrutar de nuestro "hábito". Sea cual fuera la respuesta, es difícil imaginar cómo la regulación cada vez mayor del consumo de tabaco podría haber tenido un efecto positivo sobre nuestra imagen propia.

Las personas a nuestro alrededor se inquietaban por nuestras vidas, pero rara vez con efecto alguno. Familia, hijos, seres queridos, amigos y colegas se preocupaban por nosotros y estaban inquietos por nuestra adicción a la nicotina. Estaban preocupados, molestos, se quejaban, trataban de convencernos, nos rogaban. Seguíamos usando la nicotina.

Casi todos teníamos síntomas físicos adversos de un tipo u otro, desde mal aliento, dedos apestosos, y opresión en el pecho, hasta cáncer, enfisema, presión arterial alta y problemas cardíacos. Todos teníamos algo, por mucho que lo negáramos o tratemos de ignorar los síntomas.

Para facilitar la negación, diseñamos un sistema u otro para camuflar el olor en nosotros mismos y en nuestras casas, autos y oficinas. Limpiábamos y fregábamos. Usábamos pasta dental, enjuague bucal, mentas, caramelos, chicles, perfume y colonia. Abríamos las ventanas, comprábamos máquinas come humo, usábamos desinfectantes, vinagre, amoniaco, incienso, velas perfumadas. Otra persona horneaba panecillos:

> "Cuando mi madre iba venir de visita, ventilaba la casa durante horas antes de que llegara. Horneaba panecillos de arándanos, porque el aroma de los panecillos llenaba la casa y olía maravillosa. Mi madre nunca pudo entender por qué comía yo tantos panecillos de arándanos".

Pero no importaba lo que hiciéramos para tratar de borrar la adicción a la nicotina de nuestras vidas—aún apestábamos al igual que nuestros autos, casas y oficinas. También contaminábamos el medio ambiente que nos rodeaba tirando un cigarrillo o una colilla, vaciando una pipa o escupiendo jugo de tabaco en la acera, en el jardín de rosas, en la playa, o donde sea. Arrojábamos el cenicero del coche lleno de colillas, cenizas y cerillos en el suelo del estacionamiento, y más o menos dejábamos nuestra basura como una pista asquerosa en cualquier y cada lugar donde estuviéramos.

En el plano psicológico, nuestra incapacidad para escapar de las garras de la nicotina tenía un efecto devastador sobre nuestra autoestima, dignidad y amor propio. El darnos cuenta de que esto era cierto fue un proceso lento. El tomar medidas cuando por fin nos dimos cuenta tomó aún más tiempo. A pesar de que desde hace años sabíamos que deberíamos dejar de fumar, no creímos que eso jamás podría llegar a pasar.

Sin embargo, la mayoría de nosotros tratamos de hacer algo en el camino, y había una gran variedad de opciones. Tratábamos de dejar de fumar de un jalón. Fumábamos menos, cambiábamos de marcas, pasábamos de cigarrillos sin filtro a los con filtro, a los "ligeros". Pagábamos mucho dinero en programas comerciales, o gastábamos una suma modesta en programas ofrecidos por las sociedades de salud. Utilizábamos acupuntura, hipnosis, modificación de conducta, meditación, y mascábamos chicle de nicotina. Pero nada de eso funcionaba. Sin duda, algunos de nosotros logramos dejar de usar la nicotina por varios períodos con uno o más de estos métodos, y en algunos casos, la temporada sin nicotina se extendía muchos meses o incluso años. Pero finalmente, la droga se impuso. De vuelta en las garras de la nicotina, creábamos nuevas negaciones y racionalizaciones, y nos sucumbíamos de nuevo a la adicción.

A pesar de nuestros mejores esfuerzos por negarlo, nos estábamos matando, y lo sabíamos. Estábamos matando no sólo nuestros cuerpos, si no también nuestros espíritus. "Me sentía torturado psicológicamente por el hecho de ser un fumador durante todos los años que fumé. Yo diría que es un sentido de dicotomía o esquizofrenia". Todos reconocemos la tensión de esta falta de honradez personal. Decíamos que íbamos a dejar de fumar pronto, sin embargo, sabíamos que era mentira.

Nuestros cuerpos nos advertían que nos estábamos enfermando, pero los mensajes se desviaban mientras que el deseo por la nicotina dominaba nuestra razón. Y así seguíamos. Poco a poco, hubo una creciente sensación de estar enfermos y cansados de sentirnos enfermos y cansados. "Yo nunca realmente asocié sentirme enfermo y cansado con el fumar. Sí sabía que mi tos en las mañanas fue el resultado directo de los cigarrillos y que mi falta de aire en las noches era porque fumaba demasiado durante todo el día. Pero no se me ocurrió que me sentía enfermo por los cigarrillos".

Nuestras mentes jugaban juegos extraños alrededor de la nicotina. Todos estos juegos fueron diseñados para perpetuar nuestra negación y nuestra incapacidad de asumir la responsabilidad de nuestras vidas. Al negarnos a aceptar la responsabilidad de ser adictos a la nicotina, nos quitamos la capacidad de dejarla. De alguna manera, finalmente llegamos a un punto de desesperación en la que ya no podíamos soportar las mentiras, el engaño y la autodestrucción por más tiempo, y encontramos a Nicotina Anónimos. La primera impresión pudo haber sido menos que positiva. Alguien describe su primer encuentro así: "Yo pensé que era el grupo más loco de imbéciles y fanáticos religiosos que había visto juntos en un solo lugar. Pensé que prácticamente todos los ahí reunidos eran excéntricos y no podía entender por qué estaba yo o qué diablos podrían hacer estos latosos por mí, y estaba muy molesto con todo eso de Dios. Cuando intenté preguntar sobre eso, me dijeron que no podía hacer preguntas hasta después de la reunión. Pero de todos modos volví. Estaba así de desesperado".

Si nos gustó la primera reunión o no, encontramos un sentido de esperanza—o por lo menos resignación que ésta era la última posibilidad de esperanza. Había un núcleo de personas con diferentes niveles de éxito, todos trabajando activamente para vivir libres de la nicotina. El éxito no fue instantáneo para todos, ni necesariamente "para siempre". En algunos casos el retorno al uso de la nicotina fue parte del proceso para llegar a un verdadero "fondo".

"Después de tres meses en Nicotina Anónimos y de estar libre de la nicotina, tuve un resbalón y fumé para un mes más. Ese mes fue un total y absoluto infierno, que fue empeorando, desastrosamente. Un día, simplemente no podía caer más. Pensé que iba a perder el juicio, y creo que lo hubiera hecho si no habría decidido en ese entonces que no podía haber más nicotina para mí".

Tocar fondo. Llegar hasta donde "la muerte parece un día de fiesta". Llegar a ese punto en que estamos dispuestos a hacer cualquier cosa para no usar la nicotina. Por fin estar dispuestos a enfrentar la realidad de los problemas que estábamos tratando de disimular detrás de la cortina de humo. Preparados para que el proceso comenzara, "Me di cuenta que tenía que esperar a que el milagro sucediera en el tiempo de Dios, no en el mío".

Como sea que llegamos a Nicotina Anónimos y no obstante lo desesperados que estábamos en ese momento, existía el temor y la duda persistente de si podríamos o no dejar de fumar. Después de todos los fracasos, los comienzos falsos, las mejores intenciones, había poca esperanza. "Tenía la esperanza contra todos los pronósticos de que podría dejar de fumar y mantenerme libre del deseo de fumar". El temor de otro fracaso surgía imponente. La idea de jamás volver a usar la nicotina había resultado en fracaso tantas veces en el pasado, que se nos hacía difícil imaginar que no volvería a ocurrir.

"Un día a la vez" era en realidad un concepto totalmente nuevo para nosotros. Era algo distinto a todo lo que jamás habíamos probado. Tal vez sin pensarlo o estar conscientes de la idea, el concepto de "dejar de fumar sólo por hoy" disminuyó el terror de la próxima semana, el próximo mes, el próximo año, y el resto de la vida solos sin nuestro "amigo".

Otra idea nueva era la impotencia. Ese es el Primer Paso de Nicotina Anónimos—admitiendo nuestra falta de poder sobre la nicotina. Su aceptación requiere un reconocimiento de que nosotros, como individuos, hemos fracasado y que la droga ha ganado. Y nos obliga a reconocer que vamos a seguir fracasando. Aceptación de la impotencia requiere reconocer que todo nuestro odio hacia nosotros mismos y los fracasos del pasado están destinados a continuar y a repetirse hasta que probablemente terminemos matándonos. Algunos de nosotros sabíamos que éramos impotentes ante la nicotina cuando llegamos a Nicotina Anónimos por primera vez. "Tuve que reconocer mi impotencia por el control absoluto que la nicotina tenía sobre mí". O, "Yo no podía ignorar las muchas, muchas veces que no había logrado dejar de fumar, así es que seguro era impotente ante la nicotina". O, "Sólo la idea de dejar de fumar me hizo encogerme como una araña sobre una estufa caliente, así que sabía que era más grande que yo". Para otros, conciencia del concepto llegó después—"ese día, seis o más semanas después, cuando podría haber matado por un cigarrillo". Y sin embargo para otros había una especie de punto medio: "Supongo que sabía que era impotente, pero no tomó   sentido hasta que me sentí terriblemente enfermo, y, sin embargo, aún fui incapaz de parar".

Como quiera y cuando llegamos a aceptar nuestra impotencia, tuvimos que enfrentar el concepto de un Poder Superior—el "Poder Superior a nosotros". Para algunos, particularmente aquellos con fuertes creencias o prácticas religiosas, o con experiencia en algún otro programa de Doce Pasos, la idea no era difícil, o por lo menos el concepto de un Poder Superior no era algo totalmente ajeno. Para otros, la confrontación inicial con la idea de un Poder Superior era justo eso—una confrontación. "¿Poder Superior? ¡Tienes que estar bromeando!" "No me vengan con sus locuras religiosas, estoy aquí para dejar de fumar". Un milagro del programa es que el mismo escéptico que al principio pensaba que la idea debe ser una broma ahora dice: "Estoy de rodillas casi todas las mañanas rezando a mi

Poder Superior". Otros de los escépticos iniciales escriben de sus pensamientos posteriores de la siguiente manera: "Mi serenidad y cordura dependen de mi capacidad de rendirme a mi Poder Superior"."Mi Poder Superior es lo que permite que los deseos de fumar me arrastren y me protege de tener que ceder a la tentación".

Para la mayoría de nosotros, antes de que pudiéramos admitir nuestra impotencia sobre la nicotina y reconocer incluso la posible función que un Poder Superior podría jugar en rescatarnos de nuestra locura drogada, teníamos que "tocar fondo". Se puede usar varios términos y frases descriptivas para expresar la idea de "tocar fondo". Llegar a la "Ciudad de la Desesperación Total". "Dejar de Fumar o Morir". 'Despertarme de repente por el "estado emocional adolorido en que estaba". "Sentirme perturbado hasta el fondo del alma para atreverme a hacer todo lo necesario para no usar la nicotina". Estar tan desesperado, caer tan bajo, estar tan perdido, tan enfermo que podemos captar en nuestros cerebros y en nuestras entrañas que no hay nada más importante que el no tomar esa próxima dosis de nicotina. Para poder vivir la frase, "No fume, ¡incluso si se le cae el culo!" Tocando fondo. Sin duda, ¡no es un lugar divertido! Sin embargo algunos tenemos que llegar a un verdadero "fondo" antes de poder considerar los conceptos de levantarnos y comenzar la Recuperación.

Mientras asistimos a más reuniones, nos damos cuenta que nuestras actitudes van cambiando poco a poco. A pesar de estar seguros de que nunca estaremos libres de la adicción a la nicotina, no usamos la droga. Aprendemos a entregar nuestra voluntad y nuestras vidas a un Poder Superior a nosotros. Estamos aprendiendo humildad y compasión. Ganamos más confianza en nosotros mismos y comenzamos a comprender por primera vez la gravedad de nuestra adicción a la nicotina y cómo nos afecta tanto espiritual como físicamente. Conocemos el valor y la esperanza. Encontramos lecciones de fe y de tolerancia en las reuniones y en la vida diaria. Sentimos que tenemos que mantener honestidad, tanto con nosotros mismos y con los demás, para tener éxito en permanecer libres de la nicotina.

La Oración de la Serenidad nos recuerda que no podemos cambiar los deseos o antojos por la nicotina. En un sentido más amplio, aprendemos a utilizar los conceptos en la oración como herramientas para enfrentar la cantidad de cosas en la vida cotidiana sobre las cuales no tenemos poder. Al mismo tiempo, aprendemos que lo que sí podemos cambiar es a nosotros mismos, nuestras actitudes, nuestra manera de pensar, nuestra forma de actuar y reaccionar. Esto se aplica tanto a nuestra adicción a la nicotina como a la vida en general.

Un Poder Superior nos guía hacia opciones saludables si nos dejamos guiar. Para muchos, sobre todo durante el primer año de recuperación, la preocupación principal es evitar la nicotina. Tarde o temprano, sin embargo, se levanta la compulsión, y entonces nuestras preocupaciones pueden dirigirse a seguir un programa espiritual.

Nuestras vidas han mejorado desde que llegamos a Nicotina Anónimos. Nos sentimos mejor y nos vemos mejor. Sin embargo, sentimos nuestros sentimientos con más intensidad que nunca. A veces, esta intensidad emocional nos conduce a la idea de que estamos peor que antes. Pero a medida que aprendemos a utilizar las herramientas de la recuperación en todos los desafíos que encontramos en nuestras vidas, encontramos más serenidad y esperanza de lo que habíamos podido imaginar. De esa conciencia llega el reconocimiento de lo mucho mejor que estamos ahora.

Aprendemos que las personas buenas pueden hacer cosas malas, y que no tenemos que tomarnos tan en serio. A través de la rendición y aceptación de nuestra impotencia, nos damos cuenta de que ya no tenemos que ser esclavos de la nicotina o del tabaco o de la industria de la publicidad. Vemos que podemos hacer cosas difíciles y que nuestros sentimientos y temores no son únicos. Nos cuidamos mejor mientras aprendemos a vivir un día a la vez.

Ahora nos acercamos a los demás mientras nos hacemos responsables de nuestra propia paz y felicidad. Hemos aprendido a creer en milagros. La mayoría de nosotros aún no estamos listos para milagros como "la abertura del mar", pero a nivel personal, creemos en los milagros porque estamos viendo uno todos los días en nosotros mismos. Experimentamos un despertar espiritual de nuestro propio ser que es tan individual y personal como cada uno de nosotros. Existe una nueva vitalidad, vida, una sensación de movimiento hacia adelante o hacia arriba, y un ánimo que jamás había existido antes.

Nos sentimos seguros, un día a la vez, que no vamos a usar nicotina. Mientras nos mantenemos cerca de nuestros grupos y nuestro programa, sentimos que nuestras posibilidades de no volver a usar nicotina aumentan dramáticamente. A veces se nos antoja el azúcar u otros dulces o alimentos salados o grasosos, o alcohol u otras drogas o sexo—algo para buscar una salida—y la intensidad del deseo puede ser sorprendente. Muchos sienten más rabia de lo que sentían cuando usaban nicotina. Sin embargo, en realidad antes también estábamos enojados. El sentimiento se mitigaba con la droga.

Aprendemos como no reaccionar tan precipitadamente. Aprendemos a acudir en nuestro Poder Superior, ya sea a través de la oración o alguna otra forma de contacto, y empezamos a aceptar que nos hemos embarcado en una aventura. Ya no tenemos miedo de perder el control a causa del enojo.

Yendo a reuniones y otros modos de participación en Nicotina Anónimos nos mantiene libres de la nicotina, porque nos compartimos con los demás. Sentimos nuestro Poder Superior trabajando dentro de nosotros. Contemplando el mar de caras en una reunión nos recuerda que no queremos volver a usar nicotina antes de la próxima reunión. Viendo a los recién llegados nos hace recordar nuestra propia desesperación de hace poco tiempo, y de como era en nuestras primeras reuniones. Somos capaces de expresar y recibir bondad y amor en un ambiente agradable y relajado.

Nosotros que hemos tenido la oportunidad de hablar en una reunión y compartir nuestras historias, experiencia, fortaleza y esperanza con otros que están luchando con el mismo problema, hemos descubierto cosas sorprendentes acerca de nosotros mismos. La seguridad que sentimos en las reuniones nos permite compartir lo que tengamos que compartir, sin miedo, sin sentir que nos juzgan.

A través de escuchar a los demás, la introspección personal, la ayuda de un patrocinador y nuestro Poder Superior, comenzamos a entender los Doce Pasos y trabajarlos—uno a la vez y en orden. A menudo no nos damos cuenta exactamente cómo trabajamos un Paso determinado, o por qué, pero reconocemos cuando lo hemos hecho.

La experiencia nos ha demostrado muy claramente que el servicio en Nicotina Anónimos es una herramienta increíblemente importante para permanecer libre de la nicotina. Hay una gran variedad de opciones disponibles para hacer el servicio: organizando una nueva reunión o actuando como moderador o voluntario para una reunión existente, convirtiéndonos en patrocinadores, haciendo o recibiendo llamadas telefónicas, organizando eventos sociales, contestando el correo. El espíritu de servicio puede cambiar para adaptarse a la persona, a su estado de ánimo, y al día o a la hora.

Aunque los formatos de las reuniones varían, todos estamos de acuerdo sobre la necesidad de discusión e intercambio en esas reuniones. Reuniones en donde se estudian los Pasos son muy útiles, especialmente si Nicotina Anónimos es su primer o único programa de Doce Pasos.

Sea cual sea el formato, hay algo en Nicotina Anónimos que nos hace volver. Hay aceptación y comprensión de parte de personas que comparten el mismo problema de adicción a la nicotina. Sentimos—algunos de nosotros por primera vez—verdadera bondad, amor y apoyo. Quizás la mayor sorpresa es el despertar de la esperanza. Nosotros, los que estábamos totalmente convencidos de que jamás podríamos dejar de usar nicotina comenzamos a creer en la posibilidad de que eso suceda cuando escuchamos a los demás compartiendo su experiencia, fortaleza y esperanza.

No obstante, Nicotina Anónimos no funciona solo. Muchos de nosotros estamos en fuerte negación sobre nuestra adicción a la nicotina. Somos incapaces de admitir nuestra impotencia ante la droga, o tenemos dificultad con el concepto de un Poder Superior, y mucho menos el de poder rendirnos a esa otra "fuerza". Sin atención seria a los Doce Pasos, la mayoría de nosotros creemos que no es posible permanecer libres de la nicotina durante mucho tiempo. Algunos se conforman con hacer el Primer Paso y después saltar al Doceavo Paso, dejando los Pasos de en medio a los demás, sólo para descubrir que la droga nos atrapa de nuevo cuando la vida se vuelve más estresante o complicada. Tal vez dejamos de asistir a las reuniones y se nos olvida que somos adictos. Tomamos esa primera dosis de nicotina, olvidando que, "una fumada es demasiado y mil no serán suficientes".

Como compartimos una enfermedad y una recuperación en común, se desarrolla un vínculo especial entre nuestros miembros. En un ambiente seguro y tolerante, aprendemos a confiar y a asumir riesgos sobre la vida. Aprendemos de primera mano la verdad del refrán que no podemos conocer bien nuestra propia historia hasta que la compartamos con otros. Las relaciones que formamos en Nicotina Anónimos van desarrollándose a medida que avanzamos en nuestra recuperación. Nos damos cuenta de que ya no somos de los primeros que salen por la puerta al final de una reunión. Empezamos a salir a tomar un café después y hablamos por teléfono a menudo con nuestros nuevos conocidos y amigos. Compartimos más y más de nosotros y comenzamos a explorar la interrelación que tenemos que desarrollar como seres humanos de alto funcionamiento. Nuestro aislamiento se está levantando junto con nuestra compulsión a usar nicotina.

Recuperación de la adicción a la nicotina no es un caso singular. Es un proceso de vivir la vida. Comienza cuando dejamos de usar la nicotina y admitimos que somos impotentes ante la droga, y continúa durante el tiempo que no la usamos y nos acordamos de nuestra falta de poder sobre la droga. Pero la admisión de impotencia ante la nicotina no hace que la droga sea menos astuta o desconcertante. Abandonados a nuestra propia suerte, el control que la droga tiene nunca se afloja. Adicción a la nicotina, al igual que las adicciones al alcohol, heroína y otras drogas, es una enfermedad grave y mortal que permanece con nosotros para toda la vida.

A menudo es sorprendente lo mucho que los demás pueden apoyarnos cuando empezamos a buscar soluciones a la adicción a la nicotina. Es posible encontrar apoyo incluso de aquellos que siguen consumiendo nicotina. Cuando ese no es el caso, nos enteramos de que otros puedan tomar sus propias decisiones. Esto puede ayudarnos a seguir conscientes de nuestra decisión de no drogarnos.

De vez en cuando, sin embargo, el estar cerca de un fumador puede provocar un deseo. Nicotina Anónimos nos mantiene centrados en lo devastadora que es la adicción y lo agradecidos que estamos por habernos librado de ella. El impulso va a pasar, ¡si usamos la nicotina o no! Dejar que el deseo pase una vez más fortalece la sensación cada vez mayor de libertad de la droga, lo que lleva a mayor alegría y serenidad. Uno de nuestros miembros lo resume así: "Yo simplemente diré que desde que dejé de usar nicotina, he tenido más días sintiéndome feliz, alegre y libre de lo que jamás pensaba que podría ser posible".

Probablemente, ninguno de nosotros puede decir que el viaje sin nicotina se hace sin golpes y sacudidas, sobre todo al principio. El aumento de peso es una queja común. La comida parece satisfacer algunos de los antojos bucales, y comemos más dulces, chicle, pretzels, zanahorias, helado, palillos de dientes, elefantes, el fregadero de la cocina y todo lo que no este clavado. Un miembro dice que había comido "todo el sur de California".

Comer más a menudo se acompaña haciendo más ejercicio. Poco a poco, el equilibrio regresa. Y mientras nos dicen que nos vemos mejor, empezamos a darnos cuenta de que nos sentimos mejor, ya sea física, emocional o espiritualmente.

Una variedad de nuevas emociones también puede ser parte del proceso de recuperación de la adicción a la nicotina. Casi todos nosotros en Nicotina Anónimos descubrimos que sentimos más nuestros sentimientos y los sentimos más profundamente que cuando nos drogábamos. Asistir a las reuniones y tener contacto con los miembros del grupo son herramientas para manejar estas nuevas emociones. Otra herramienta es la Oración de la Serenidad, que un compañero utiliza para manejar una emoción como la rabia: "La Oración de la Serenidad está siempre en el fondo de mi mente, y me parece que la uso a menudo para librarme de la rabia, entregándolo todo. Me enojo con mi compañero de trabajo y trato de controlar su comportamiento. Eso fracasa. En el pasado, habría encendido un cigarrillo y la batalla hubiera comenzado. Ahora, la Oración de la Serenidad *(Dios, concédeme la serenidad para aceptar las cosas que no puedo cambiar, valor para cambiar aquellas que puedo, y sabiduría para reconocer la diferencia)* me permite ver la causa de mi enojo y dejarlo a un lado".

No importa cuáles hayan sido o son nuestras creencias religiosas específicas. Participación en Nicotina Anónimos y concentración en los Doce Pasos nos han llevado a darnos cuenta de que existe un Poder Superior a nosotros. El Poder puede ser un Dios, otras personas, o una llave de puerta. Nuestro Poder Superior es algo o alguien al cual entregamos las cosas difíciles. Una persona utiliza el número 51 como su Poder Superior. La idea original surgió de asignar al impulso de fumar el número "49" y al impulso de no fumar el número "51". Así, cada vez que sentía el deseo de fumar, podía entregarlo a los "números" y "51" ganaba porque era más grande. Ahora, un par de años después, él ha expandido "51" a llegar a representar cada fuente de energía o idea positiva y poderosa en su vida.

El tener un Poder Superior al cual acudir disminuye los momentos ingobernables de la vida. Como adictos a la nicotina, usábamos la droga como una estrategia para poder soportarlos. Al dejar de usar nicotina, creamos la necesidad de un sustituto, pero al mismo tiempo hacemos espacio para más energía positiva. Como lo expresa alguien: "Entrego cosas a mi Poder Superior, porque mi vida es ingobernable. Antes solía sentarme a fumar y entregaba mi voluntad y mi vida a los cigarrillos. Al dejar de fumar, he hecho espacio para y ahora confío en mi Poder Superior en vez de la nicotina. "

Otra versión de un Poder Superior es la llama de una vela: "Veo a mi Poder Superior como la llama de una vela. Alimento a esta llama con todas las cosas sobre las cuales no tengo poder, mis antojos de la nicotina, mis deseos de cambiar a otros, mis apegos egoístas, y así sucesivamente. Y con cada cosa que lanzo a la llama, el fuego se hace más brillante y más fuerte. "

Para tener un Poder Superior no es necesario ser religioso o creer en un Dios particular, ni en ningún Dios. Sólo se necesita una conexión con una fuerza positiva superior a uno mismo.

La mayoría de nosotros en Nicotina Anónimos nos sentimos bien con el programa y haríamos poco para cambiarlo. Queremos asegurarnos de que seguirá creciendo y que llegará a aquellos que aún sufren de adicción a la nicotina. Sentimos que Nicotina Anónimos probablemente seguirá siendo una parte de nuestras vidas. Asistencia a las reuniones contribuye a garantizar continua libertad de la nicotina y proporciona oportunidades para ayudar a los recién llegados.

Respuestas a los problemas desconcertantes y soluciones para la agitación emocional en la vida diaria también se encuentran en las reuniones. "Reafirmo mis prioridades y me comprometo a llevar una vida libre de nicotina cada vez que asisto. Me toca compartir lo mío y me toca compartir en la recuperación de otros. Siempre aprendo algo". Las reuniones proporcionan "amistad, apoyo, inspiración continua, recuerdos intensos del pasado sombrío", así como "un lugar donde puedo hablar de mis sentimientos trastornados relacionados con no fumar y encontrar la serenidad y el refuerzo para mantenerme limpio".

Los antojos intensos y devoradores desaparecen—más o menos, o totalmente. A veces hay un pensamiento fuerte de un cigarrillo "pero morirse por uno ya no es la palabra adecuada". Con el paso del tiempo, el estar libre de la nicotina deja de ser una "lucha diaria", pero a veces puede haber una sensación moderada y persistente. "No es una lucha, pero a veces extraño el fumar—como a un viejo amigo". El adicto adentro nos sigue llamando a veces.

En el proceso de dejar la nicotina, hay otros hábitos que parecen modificarse también—hasta algo tan rutinario como hacer sobremesa. Se reporta menos cafeína, menos alcohol, menos cola, menos melancolía—además de menos nicotina. Menos desvelos, menos visitas a los bares, menos contacto con amigos fumadores, menos tiempo sentados en nuestro sillón preferido viendo la televisión. "Se ha reducido un montón de exceso".

Hemos sustituido una gran variedad de actividades—tales como hacer ejercicio, caminar, desarrollar amistades, tomar clases, tejer, "estar con sentimientos y emociones que había evitado durante toda mi carrera de fumar".

Otro de los subproductos de "cuidarnos mejor" es una sensación de mayor energía y de menos cansancio. Pero no se puede ignorar el hecho de que, sobre todo al principio, muchos dicen que estaban totalmente agotados mientras pasaban por el síndrome de abstinencia. Se nota mejoramiento del cutis, de la circulación ("me había olvidado de como era sentir las manos y pies calentitos"), mejor sentido del gusto, del olfato y de la visión, y sentimos que olemos mejor—nuestro aliento, cabello, manos, ropa, cuerpos, autos, apartamentos, oficinas.

Emocionalmente, hemos mejorado mucho—aunque nos preguntamos acerca de esto a veces, sobre todo porque sentimos nuestras emociones mucho más fuertes sin los efectos drogantes de la nicotina. Definitivamente, tenemos menos cambios de humor y son menos dramáticos, y somos menos volátiles y erráticos. Nuestro nivel de tolerancia para los demás aumenta, dando lugar a menos frustración y rabia dirigidas hacia adentro.

Un estado elevado de bienestar también parece circular en nuestras vidas. Hay reportes casi unánimes de una mayor sensación de confianza tanto en nuestros interiores y exteriores. Sin embargo, a la vez parece que experimentamos más neblinas mentales. Al principio, casi todos hablan de pérdida de concentración. Sin embargo, vemos que nuestra capacidad de enfoque vuelve, enriquecida.

Muchos de nosotros reportamos una mejoría en nuestras vidas sexuales también—más interés, más diversión, más receptividad, más audacia, y más franqueza. Alguien cuenta: "El esfuerzo del acto sexual solía darme ataques de tos y atragantamiento. Fue doloroso, incómodo y penoso. Ahora puedo disfrutar de la parte física de hacer el amor, como ya no tengo problemas para respirar". Otra pregunta: "¿Por qué no enfatizan este beneficio en las campañas para dejar de fumar? Pero, por supuesto, nadie lo creería". Puede que no, tomando en cuenta el fuerte énfasis en el sexo y el placer en la comercialización de la nicotina.

La vida nos parece más fascinante: "Estoy más interesado en personas, etc. Estoy haciendo caso a y viviendo en el 'aquí y ahora' de la vida. No estoy 'viviendo en mi cabeza' como solía hacer cuando fumaba, así que estoy más consciente de lo que sucede a mi alrededor—imágenes, sonidos, Embarco en nuevas aventuras".

Las relaciones con los que siguen usando nicotina pueden cambiar. En lugares públicos, especialmente en restaurantes, nos alejamos de los fumadores, buscando asientos en las secciones de no fumar, mientras que antes sólo la zona de fumadores nos convenía. A veces nos damos cuenta de que estamos pasando más tiempo con los que se están recuperando de la adicción a la nicotina que con aquellos que aún sufren. Nuestras actitudes hacia los que siguen adictos, sin embargo, no incluyen evangelización de nuestra parte. Si ellos parecen estar interesados, nos complace mencionar Nicotina Anónimos y nuestra experiencia. Cuando nos encontramos con fumadores, experimentamos una mezcla de sentimientos como pena, tristeza y lástima. También puede haber un sentimiento de gratitud y alegría porque ya no somos como ellos. Sin embargo, como adictos bien pueden provocarnos envidia—"¿Por qué lo pueden hacer ellos y yo no?" Al mismo tiempo, le damos gracias a nuestra buena suerte y observamos lo auto-destructivos y compulsivos que se están portando. "Deben odiar lo que se están haciendo". Y, por supuesto, "Si no fuera por la gracia de Dios ¡allí andaría yo!"

La creciente campaña pública contra la nicotina parece proporcionar una mezcla de fortificación y fastidio. Declaraciones como las del Cirujano General reanudan nuestra determinación. Al mismo tiempo, gran parte de la propaganda pública contra el fumar y el tabaco es tan superficial, y demuestra la terrible falta de comprensión del poder de la droga y del fenómeno de la adicción a la nicotina, que fácilmente nos puede repeler y molestar.

Como parte de la investigación para esta parte de nuestro libro, preguntamos: "Cuéntenos lo que usted considera importante acerca de como es su vida ahora que está libre de la nicotina". La siguiente selección al azar dramatiza el poder de Nicotina Anónimos como una forma de rescatarnos de una de las drogas más terribles disponibles en el mercado:

> "La mejor parte de haber dejado de fumar es no tener que estar pensando, planeando, torturándome con ideas sobre cómo o cuándo debo dejar de fumar. Cada día de los últimos cinco años, me despertaba pensando que debería parar antes de que sea demasiado tarde. Pero seguía posponiéndolo hasta que me enteré de Nicotina Anónimos. *Finalmente* ¡ logré el éxito! ¡Y la *libertad!* "

> "Tengo una sensación de libertad porque ya no me controla una sustancia. Mis acciones ya no están limitadas por la necesidad de hacer algo que no es fructífero ni necesario para cualquier cosa excepto la satisfacción de placeres sensoriales sin importancia".

> "De verdad soy un adicto en recuperación de nicotina agradecido, porque creo que la nicotina es una droga que

altera la mente. La parte más importante de mi liberación de la nicotina es experimentar la vida sin el velo que llevaba consigo".

"Ahora tengo esperanza, donde antes sólo había desesperación, y esto me ha cambiado profundamente. Estoy muy agradecido por Nicotina Anónimos y todos los dones que me ha dado".

"LIBERTAD POR FIN"

Parte II

EL CUESTIONARIO Y "CITAS CITABLES"

Introducción

El Cuestionario y "Citas Citables" es un intento de algunos miembros para compartir con los demás miembros la experiencia, fortaleza y esperanza de los adictos a la nicotina en recuperación. Se divide en tres secciones: ¿Cómo fue?, Lo que sucedió, y ¿Cómo es ahora? Reflejan el proceso general de nuestra experiencia; nos convertimos en usuarios de nicotina, hubo consecuencias que nos llevaron a cambiar, y encontramos la ayuda que necesitábamos a través del programa de recuperación de Nicotina Anónimos, sus herramientas, principios, y el vínculo entre los miembros.

Leyendo el texto, los recién llegados quizás podrán encontrar respuestas que les ayuden a conectarse e identificarse con los miembros de antes. Escribiendo sus propias respuestas, cualquier miembro podría utilizar el cuestionario como parte de su proceso para trabajar el Cuarto Paso. Además, hay preguntas y respuestas con las que podría obtener mejor entendimiento de cualquiera de los Doce Pasos.

Para aquellos miembros que no puedan, por cualquier motivo, llegar a una reunión, participar en un foro por internet o por teléfono cuando lo necesiten, las "Citas Citables" podrían servir como una manera de conectarse con otros miembros y saber que no están solos en el proceso de recuperación. Los grupos también pueden leer secciones juntos y / o utilizarlas para sugerir temas para las reuniones.

Al aceptar que, por nuestra cuenta, no podíamos parar, no paramos, o no podíamos mantenernos abstinentes del uso de nicotina, reconocimos el valor de compartir lo que hemos aprendido de los demás. Ahora, viviendo libres de la nicotina, ofrecemos el Cuestionario y las "Citas Citables" como otra alternativa más de literatura para ayudar a promover la recuperación de todos nuestros miembros. Desde luego, usted podría pensar en otras preguntas y temas para explorar.

Mientras contempla y escribe sus propias respuestas, favor de tener en cuenta que todos los miembros están invitados a compartir su experiencia, fortaleza y esperanza con otros miembros. Favor de enviar sus historias de sabiduría y recuperación al boletín de noticias de World Services, *Seven* Minutes, o al boletín de noticias de cualquier grupo.

"Juntos Cambiamos".

COMO ERA?

1. ¿Cómo fue?

"Empecé a los 11 años, para ser 'cool' en torno a los otros niños de la vecindad. Yo quería que me aceptaran".

"Por timidez. Me ponía nervioso con la gente".

"Para ser más 'adulto,' más 'sofisticado.' "

"Yo quería ser como todas las estrellas de cine y de la tele, fumando y bebiendo".

"Por razones sociales y para ser rebelde, pero desde mi primer cigarrillo me gustó cómo la nicotina me hacía sentir".

"El resto de mi familia hacía abuso de sustancias de uno u otro tipo. Yo escogí el tabaco de mascar".

2. ¿Tuvo que aprender a fumar o mascar? Descríbalo brevemente.

"Recuerdo que me asfixiaba y tenía que practicar. También recuerdo tener que aprender la manera 'correcta' de abrir la cajetilla después de que alguien se burló de mí por abrir la parte de arriba **completamente**".

"Un amigo mayor me enseñó como hacerlo. Practiqué la inhalación, tosí mucho, pero estaba decidido a 'dominar el arte' con algo de estilo".

"Vi a mi padre usando tabaco en polvo durante años, así que yo ya sabía como hacerlo".

"Sí. Dejaba el tabaco de mascar dentro de la boca hasta sentir que iba a vomitar. Cada día podía aguantarlo por más tiempo".

3. *¿Sintió presión de grupo para usar tabaco? Coméntelo en breve.*

"Sí. Los muchachos chéveres que fumaban parecían saber cómo manejar la situación, y yo quería ser como ellos".

"Cuando empecé a fumar en 1958 era 'de moda, sofisticado, adulto'. Sí había presión de grupo. Yo fumaba para ser uno de ellos, para pertenecer, para parecer adulto y sofisticado como los demás".

"No. Yo era un solitario".

"Sí. Algunos de los chavos en el equipo mascaban tabaco. Yo era el nuevo y quería que me aceptaran; también quería ser como los jugadores de las grandes ligas".

"No. Yo sólo quería ser diferente".

4. *¿Sus padres usaban tabaco?*

"Mi madre fumaba durante muchos años, y yo quería ser como ella".

"Sabía que mi madre fumaba cigarrillos a escondidas. Mi padre fumaba puros. Jamás vi a mi mamá fumando".

"Papá siempre tenía una bola de tabaco en la mejilla, y a mi mamá le fastidiaba".

"Ambos fumaban tanto que a veces sonaba el detector de humo".

"Los dos eran muy estrictos acerca del no fumar. Yo los evitaba".

5. *¿Qué efecto tuvo la publicidad en su selección de marca y en su lealtad hacia esa marca? ¿Le influyeron el diseño o color del envase, o cuánto alquitrán / nicotina contenía, o su sabor?*

"La publicidad tuvo un efecto directo sobre mi selección de marca. Cuando salieron los 'ligeros' me cambié a esos, cuando salieron los 'bajos en alquitrán' me cambié a esos, cuando salieron los 'ultraligeros' me cambié a esos y seguí con ellos hasta el final. A pesar de que yo era un adicto traté de elegir el tipo de cigarrillo menos dañino. Ahora me entero de que todo fue una estafa sólo para que siguiera comprándolos".

"Sí. Caí en la aura de misterio. Mi marca era parte de mi identidad como adolescente. Con el tiempo cambié de marca a una más fuerte".

"La publicidad no parece haber afectado mi selección. Me quedé con la marca que fumé por primera vez cuando era adolescente".

"Me gustaba todo relacionado a mi marca de tabaco de mascar. Me gustaba porque decían que era la más fuerte que se podía conseguir. Era para machos".

"Probé varios sabores hasta que encontré el que más me gustaba—uno un poco dulce".

"Me sentí atraída por las imágenes de mujeres delgadas que eran atractivas a los chicos pero también independientes. Así quería ser yo".

6.   *¿Fumaba o mascaba más cuando bebía alcohol?*

"Sí. Probablemente fumaba el doble".

"Mientras seguía bebiendo, seguía fumando".

7.   *¿Asociaba el uso del tabaco con ciertas actividades, entornos físicos, horas del día, y/o personas? Explique.*

"Siempre asociaba el fumar con 'conversaciones serias.' Siempre fumaba mientras bebía, leía y conducía. Fumaba en mi coche, en la cama, en los bares y en restaurantes. Fumaba todo el día. Siempre tenía 'cuates' fumadores en el trabajo y como amigos".

"La nicotina siempre daba inicio a mi día, me ponía en marcha. Luego, después de la cena me tranquilizaba toda la noche".

"El fumar era una manera de ingerir una droga en mi cuerpo. Cualquier momento y cualquier lugar era una buena razón para fumar".

8. *¿Experimentó una sensación de estar 'atarantado' cuando fumaba o mascaba?*

"Sí. Yo inhalaba profundamente en busca de un mareo".

"Claro, sobre todo cuando no había podido fumar durante horas".

"Mi 'subidón' fue a partir de esa primera fumada después de una comida".

"Ay, sí, al meterme la primera bola en la mañana—¡me daba un subidón!"

9. *¿Usaba la nicotina cuando se sentía solo, cansado, hambriento, enojado, herido, y/o feliz?*

"Siempre fumaba más cuando estaba cansado y cuando tenía hambre. Cuando estaba enojado fumaba más rápido y con inhalaciones más profundas".

"A lo mejor yo también fumaba más cuando estaba enojada y / o lastimada. Me ayudaba a reprimir la ira. Fumaba cuando tenía hambre como si fuera una manera de hacer dieta".

"Es probable que mascaba tabaco más cuando estaba aburrido o quería relajarme".

"Cansado, hambriento, enojado, herido, solo, feliz y en ese orden".

"Yo fumaba más en soledad. El fumar era mi amigo. ¿Cansado? Sí. Era la pausa que refresca. ¿Hambriento? Sí. Era una distracción. ¿Enojado? Sí, y me exaltaba más. ¿Feliz? Sí. Fumaba para sentirme bien".

"La usaba para reducir el estrés, para poder medicarme".

"Supongo que lo que en realidad sentía era conflicto. Cuando trabajaba, fumaba. La nicotina parecía ayudarme a ser más creativo, pero también me sentía culpable porque sabía que estaba arriesgando mi salud".

"Casi siempre mascaba tabaco solo. Lo hacía con más frecuencia cuando me sentía inquieto o estaba aburrido".

"El fumar fue mi reacción a cualquier emoción".

10. *¿Fumaba o mascaba tabaco cuando estaba nervioso? De ser así, ¿lo ayudaba? y ¿por cuánto tiempo?*

"Yo siempre fumaba cuando estaba nerviosa. Me ayudaba, pero por lo general sólo para 15 minutos o menos. Entonces tenía que fumar otro cigarrillo".

"Sí. Era mi manera de manejar el estrés".

"Sí, pero a veces hasta me ponía más nerviosa".

"Jugueteando con mi cigarrillo, podía fingir no estar ansioso".

"Claro, pero los sentimientos reprimidos siempre volvían, y no sabía qué hacer con ellos".

11. *¿Usaba la nicotina para cubrir algún miedo?*

"El fumar ocultaba mi miedo a la gente y su posible rechazo. No obstante lo que dijeran, todavía tenía mis cigarrillos".

"Sí, ¡miedo de todo! Miedo de intentar cosas nuevas, de estar con la gente, de estar solo, del fracaso, de no dar la talla, de no saber la respuesta, etc".

"La nicotina es una droga que altera la mente y me alejaba de mi miedo".

12. *¿Deseaba crear una cortina de humo a su alrededor? Si es así, ¿por qué?*

"Sí. Una 'cortina de humo' para evitar que otros vieran el verdadero yo, porque pensé que me dejarían si sabían quién era yo realmente".

"Nunca había pensado en eso hasta que dejé de fumar. Pero la verdad es que me estaba escondiendo de todos los demás, y de mí mismo".

"Los cigarrillos me acompañaban cuando tenía que retraerme y protegerme de otras personas".

13. *¿El fumar o mascar tabaco aumentaba su confianza en situaciones sociales?*

"En un principio sí, pero más tarde tuvo el efecto contrario, pero aún así lo necesitaba. Necesitaba la droga para sentirme cómodo, pero el acto de fumar delante de no fumadores me hacía sentirme incómodo. "

"Sí, al principio, pero luego me hizo sentir cada vez más insegura".

"Yo utilizaba el fumar como un mecanismo para hacer frente a algunas situaciones en las que me sentía inepto".

"Fue genial al principio, luego más tarde me daba vergüenza cuando estaba con los compañeros de trabajo".

**14. ¿*Se sentía cada vez más aislado cuando usaba el tabaco?*

"Sí. Aislado y culpable y con miedo".

"No. Sólo andaba con gente que fumaba".

**15. ¿*Cuándo fumaba el primer cigarrillo del día, o se metía su primera bola de tabaco masticable?*

"Por lo general, tan pronto apagaba el reloj de alarma".

"Me levantaba, iba al baño, preparaba una taza de café y encendía un cigarrillo".

"Era lo primero que hacía al levantarme o también a veces al acostarme".

"Tan pronto como tenía un lugar donde escupir".

**16. *Entonces, ¿cómo se sentía?*

"Aliviada".

"Yo, agotado".

"Con ganas de fumar el segundo y el tercero".

"Disgustado conmigo mismo, otra vez".

"Que mi circulación comenzaba a fluir; que podría seguir con mi día".

**17. ¿*Cuánto tiempo hasta el próximo cigarrillo o bola de tabaco de mascar?*

"Inmediatamente. Fumaba uno tras otro".

"Tan pronto como me servía una taza de café".

"Tal vez una hora, cuando estaba en el auto camino al trabajo".

18. ¿Haría cualquier cosa para conseguir tabaco?

"¡Sí! He conducido 30 millas como loco por un cigarrillo. He recogido colillas de la tierra en un camping. He robado cigarrillos. Se los he gorreado a desconocidos".

"Si una tienda estaba abierta, ninguna distancia era demasiado lejos, ninguna hora era demasiado tarde".

"Buscando en el fondo del bote de basura esperando encontrar cigarrillos medio fumados para así no tener que salir a comprar una cajetilla en la mitad de la noche mientras todavía estaba trabajando, y si no encontraba uno, me vestía y salía a comprar una cajetilla a las 2 de la mañana si tenía que seguir trabajando".

"Yo viajaba 45 minutos en autobús para comprar el tabaco de pipa 'apropiado'".

"Sí. Salía a toda hora por el tabaco. Cuando visitaba lugares desconocidos, pasaba un día entero (si fuera necesario) para encontrar un lugar que vendía mi marca de tabaco de mascar".

19. ¿Alguna vez ha mentido sobre su consumo de tabaco?

"Muchas veces he mentido sobre mi hábito de fumar. Desde el principio, negué en absoluto que fumaba, en las etapas medias negué cuanto fumaba, y en las últimas etapas fumaba a escondidas y mentía para que nadie supiera que seguía fumando".

"No con palabras, aunque no fumaba delante de ciertas personas o grupos haciéndoles pensar que no fumaba".

"Sucedía principalmente con una novia, y cada vez que le mentí me sentía la persona más despreciable y horrible del mundo".

20. *¿Ha robado cigarrillos o tabaco para mascar?*

"Empecé por robarle cigarrillos a mi madre, le robaba a quien podía, y finalmente me robaba dinero para comprar cigarrillos".

"Yo sacaba algunos a escondidas de la bolsa de mi compañera de trabajo cuando ella iba al baño".

"Yo robaba latas de tabaco de la tienda, escondiéndolas en un guante de béisbol que llevaba".

21. *¿Su uso de tabaco le ha impedido involucrarse en ciertas actividades? Describa cómo.*

"Mi hábito de fumar me impedía (incluso ahora, sin fumar) poder ir de caminata, correr y nadar. Me impedía poder reír (siempre tosía), pero ahora puedo reírme".

"Pensé que como me estaba matando con cigarrillos, un programa de actividad física sería inútil e hipócrita".

"Elegí cigarrillos en vez de mantener un buen estado físico. De niño me encantaba correr".

"Incontables veces. No quería acompañar a grupos de gente que salían después de una película porque prefería regresar a casa y sentarme a mascar tabaco. Interrumpía momentos maravillosos con buenos amigos y / o amantes para regresar a casa y estar solo para mascar tabaco".

22. *¿El fumar o mascar afectó su desempeño o decisiones: profesionalmente, durante su tiempo libre, o sexualmente? Explique.*

"Eso sería una larga lista, y tendría que añadir las oportunidades perdidas, las posibilidades que se cerraron y que ni sé cuales fueron, si nunca hubiera fumado".

"Yo nunca he sido atlética, pero cuando lo intenté sentí mucho dolor por el fumar. El fumar era mi actividad en mi tiempo libre. Perdí a muchos amantes / novios / y citas por fumar. El fumar me alejó de muchos amigos".

"Es difícil concentrarse cuando se necesita una dosis de nicotina. Esto es especialmente cierto cuando los que te rodean son personas que no fuman y estás tratando de fingir que estás bien".

"Profesionalmente, la nicotina fue mi gran ayuda. La veía como el combustible que hacía fluir mi creatividad. Que mentirota".

"Me acuerdo de una entrevista de trabajo en particular. Hubiera sido un cambio muy bueno para mí profesionalmente. Pero vi un letrero que decía 'prohibido fumar,' y supe que no podía trabajar allí".

"La nicotina me estorbaba sexualmente. ¿Quien iba querer salir con un chico con una bola de tabaco en la mejilla? "

"Mi doctor dijo que el fumar contribuía a mi impotencia".

"Yo no podía imaginarme saliendo con alguien que no fumara, y pensaba que el sentimiento sería mutuo. Hasta se me hacía un poco incómodo cuando mi pareja no fumaba la misma marca".

23. **¿Alguna vez le ha dicho un doctor o el personal de un hospital que no podía fumar y tuvo que encontrar una manera de fumar a escondidas?**

"Sí. Cuando sufrí un infarto tuve que recurrir a buscar colillas en los ceniceros en las puertas de entrada y también encontrar una caja de cerrillos".

"Me dijo el médico cuando estaba embarazada que debería dejar de fumar, pero no pude. Tuve que ocultar mi hábito a mi marido".

24. **¿Le parecía que usted era un consumidor de tabaco 'serio', y que mientras que otros podrían dejar de fumar, usted seguiría fumando hasta morir?**

"Siempre pensé que dejaría de fumar, pero comencé a preguntarme si ese día llegaría".

"Sí. Después de haberlo intentado varias veces y haber oído hablar de gente que lo habían dejado, sentía que había algo mal en mí".

"Yo era un fumador 'serio', y me sentía comprometido a fumar hasta que muriera. Que triste".

25. *Haga una lista de algunas palabras que describen cómo se veía a si mismo cuando fumaba o mascaba tabaco.*

"Avergonzado, solo, sucio".

"Fuerte. Independiente. Varonil. Único. Creativo".

"Cuando fumaba, me consideraba: buena onda, informal, indiferente, en control, masculino, profesional, adulto, centrado, romántico, ocupado, valioso. Cuando recaí, me consideraba: débil, despreciable, vergonzoso, incompetente, sin esperanza".

"Fino. Bravucón. Serio. Profundo".

"Macho, 'cool,' inteligente, sofisticado".

"Compulsivo. Arrastrado por la culpa. Impotente. En conflicto. Enojada conmigo mismo. Con temor a las consecuencias".

"Auto-destructivo, fracasado, débil, estúpido".

"Asqueroso, débil, esclavizado por las compulsiones".

"En control, meditativo, como un profesor de los que fuman pipas".

"Ansioso, intenso, adicto, individualista, rebelde, demasiado débil para dejar de fumar".

26. *¿Le molestaba cuando los demás lo veían usando tabaco, o saber que podían oler el tabaco en su persona?*

"Me avergonzaba cada vez más mi hábito de fumar. No me di cuenta hasta después de dejar de fumar que todos podían olerlo en mí. "

"En realidad, no. No me importaba mucho lo que otros pensaran".

"Yo tenía que estar parado fuera de mi propia tienda en el frío. Era tan humillante".

27. *¿Cómo trató de evitar el olor a humo en su persona y en su casa?*

"Yo me rociaba el pelo con agua de colonia y usaba spray para el aliento. Abría las ventanas y rociaba con desodorantes de ambiente".

"Aerosoles, ventanas abiertas, incienso, pero apestaba de todos modos".

"No hice nada. La casa apestaba a humo".

"Abro las ventanas y limpio y friego muchísimo".

28. *¿Alguna vez se consideró "menos que otros" porque no podía dejar de usar la nicotina?*

"Sí, mucho. Yo creo que la razón principal por la cual decidí dejar de fumar fue para deshacerme de ese sentimiento".

"Siempre me considere 'menos que otros' porque fumaba, y punto. Siempre podía dejar de fumar y lo hice como 50–60 veces, pero siempre volví a fumar, y como era malo para la salud, yo sí era 'menos que.'"

"Cuando era joven pensaba que fumar me hacia 'más que otros.' Luego la edad y la realidad comenzaron a golpearme en la cabeza hasta sentirme como un idiota con ansias".

29. *Mientras usaba el tabaco, ¿podría imaginar la vida y sus actividades habituales sin la nicotina?*

"Hacer una llamada de teléfono era impensable sin antes colocar mis cigarrillos, un encendedor, y un cenicero al lado del teléfono. Entonces, encendía uno ... y marcaba".

"No. La vida, cualquier actividad rutinaria, era inconcebible sin la nicotina. Éramos yo y mi tabaco contra el mundo, para superar el día".

"¡NO! Una de las razones para comer, era simplemente disfrutar del cigarrillo para después".

"Sólo podía imaginarlo en mis sueños, hasta que un deseo me despertaba".

30. ¿Se consideraba una persona adicta a la nicotina mientras usaba tabaco?

"No. Pensaba que era sólo un mal hábito".

"Yo sabía que estaba enganchada, pero no fue hasta que probé el chicle de nicotina que me di cuenta que tenía una adicción física a la nicotina".

"A pesar de haber estado sobrio dos años en otro programa, cuando dejé de fumar nunca asocié el fumar con la adicción, no en esas palabras, hasta que llegué a Nicotina Anónimos".

"Yo decía en broma que era un 'fanático de la nicotina' como si eso fuera algo audaz".

31. ¿Le preocupaba la irracionalidad de su comportamiento?

"Nunca consideré que mi conducta era irracional, aunque sabía que los cigarrillos me hacían daño. Yo no era 'irracional.' El fumar solo era una de las cosas que hacía".

"No hubiera usado esa palabra en aquel entonces. Lo consideraba como un mal hábito, algo que iba dejar de hacer 'uno de estos días.'"

"La mayoría del tiempo lo borraba de la mente, hasta que llegué a Nicotina Anónimos. Nicotina Anónimos arruinó mi hábito de fumar".

"Por supuesto que estaba preocupado por la irracionalidad de mi comportamiento. El fumar mata. Yo no quería matarme. Pero fui y soy un adicto".

"Claro, y usaba pretextos para 'medicar' el 'mal-estar' que sentía".

"Sí. No lo entendía, o no estaba dispuesta a tratar de entenderlo".

32. ¿Sentía vergüenza por fumar o mascar tabaco?

"A menudo sentía vergüenza por fumar después de que traté de dejarlo la primera vez y recaí. Casi todos los cigarrillos que fumé después me hacían sentir culpable. Antes de eso, pensaba que fumar era bueno y me preguntaba por qué algunos se quejaban".

"Sí. Sobre todo cuando mi hija me dijo que tenía miedo de que me iba morir".

"Al final la gente de vez en cuando se quejaba de que yo fumara. Me molestaba, pero sabía que tenían razón. No podía admitir que tenían razón, pero por dentro, me sentía culpable".

33. ¿Se sentía poco atractivo porque fumaba o mascaba?

"Al principio, me sentía 'de moda' porque fumaba, pero con el tiempo se me ocurrió que me veía tonta y poco atractiva".

"Durante los últimos años de mi hábito de fumar ya no parecía algo sofisticado. Ya no quería ser 'esa clase' de persona".

"Me sentía y parecía poco atractiva, con arrugas alrededor de mi boca, y mis hijos me decían que olía mal".

"Sólo cuando mascaba en la presencia de mujeres, pero lo hacía de todos modos".

34. ¿Arruinaba ropa, toallas, sabanas, o muebles con quemaduras o cenizas?

"Yo quemaba todo: asientos de coche, ropa, muebles, alfombras, toallas, sabanas, efectos personales de otros, e incluso otras personas".

"Lo que fuera, nada estaba seguro. Una de las peores fue una quemadura que dejé en el piano bien caro de un vecino, y no se pudo reparar".

"De vez en cuando yo derramaba el contenido de mi taza de escupidas de tabaco sobre mí mismo y sobre cosas importantes, tales como trabajos escritos, libros, el tapete, los asientos de coche, e incluso sobre otras personas. Hasta que no le ha sucedido a uno, no sabe lo desagradable que es tener que limpiarlo".

35. *¿Comenzó a sentirse como un contaminador? ¿Tirar colillas de cigarrillos o escupir tabaco le empezó a molestar?*

"Nunca me sentí como un contaminador, y tirando las colillas de cigarrillos no me molestaba porque eran tan pequeñas. Ahora veo que no sólo estaba contaminando el aire de los demás, pero que mis colillas estaban contaminando el paisaje y posiblemente hasta provocando incendios".

"Escupía sin pensarlo hasta que quería dejar de usarlo. Entonces me molestaba, y me tragaba el jugo de tabaco con mayor frecuencia".

36. *¿Le preocupaba el costo de usar el tabaco? ¿Pensaba en cuántos dinero por año gastaba en tabaco?*

"El costo de fumar no me preocupaba hasta mi última recaída. Hasta entonces, los cigarrillos eran una prioridad más alta que el dinero".

"Nunca pensaba en el costo total. De manera imprecisa, sabía que era muy alto. Después de mi primera reunión de Nicotina Anónimos, lo calcule: $ 1,100 por año y $23,000 desde que empecé. Un pago inicial de la casa que siempre había anhelado".

"Molesto por el 'impuesto de lujo,' pero me gustaba fumar tanto como si fuera un 'lujo.'"

"Yo no pensaba en eso más allá de cada compra, sin duda no por un año o de por vida".

"Jamás. La adicción siempre vivía en un lujo absoluto a costo de todo lo demás".

37. *¿Tuvo problemas de salud relacionados con el consumo de tabaco?*

"Sin aliento, con una lengua repulsiva".

"La nicotina afectaba mi circulación periférica".

"Enfermedades del corazón, acumulación de placa en las arterias".

"A causa de la enfisema tengo que llevar un tanque de aire".

"Necesitaba una cirugía de riñón, pero el médico no me quiso operar hasta que dejara de fumar. Tuve problemas con eso, y mientras trataba de dejar de fumar estaba asustado todos los días. ¡Que pesadilla!"

"Daño a los dientes y enfermedad de las encías. Mi dentista me dijo que se debió al consumo de tabaco. Me costó una fortuna tratarla".

"Dos palabras que uno nunca quiere escuchar: cáncer de pulmón".

"No me di cuenta hasta después de dejar de fumar, pero debo haber sido alérgica porque los dolores de cabeza constantes desaparecieron tan pronto como dejé de fumar".

"Se me hacía difícil recuperar el aliento, incluso después de un esfuerzo leve. Tosía mucho".

"Arrugas, la voz ronca, los dedos amarillos en contraste con el esmalte bonito en mis uñas".

"Dolores en el pecho, mala circulación, dolores en el brazo, brazos y piernas adormecidos, dolores de cabeza, úlceras en la boca".

"Tosiendo flema, incluso sangre. Sin energía, solamente energía nerviosa".

"A veces provocaba mis ataques de asma. ¡Vaya ejemplo de 'locura!'"

38. Aparte de la salud, ¿cuál es la peor consecuencia de su consumo de la nicotina?

"Yo no estaba viviendo del todo durante esos 20 años. No descubrí mi potencial hasta la mediana edad".

"Vivir con el miedo constante. La posibilidad de cáncer de pulmón o ataque al corazón".

"Que mis hijos siguieran mi ejemplo. Un pesar que nunca se aliviará".

"Psicológicamente. Me sentía menos. Sentí que nunca haría las cosas que quería hacer. Especialmente en las áreas de escritura y la búsqueda de un compañero".

"La nicotina mató mi espíritu. Le quitó alegría y vida a mi cuerpo. Me adormeció. Paralizó todo sentido de aventura, de frescura y de asombro. Limitó mi capacidad de amar".

39. Se que es incómodo estar cerca de los no fumadores? ¿Era incómodo estar cerca de no fumadores?

"Siempre pretendía que no era gran cosa estar cerca de personas que no fuman, pero era un dolor total en el 'trasero.' Tuve que salir, interrumpir conversaciones, verlos haciendo gestos con la mano para alejar el humo, toser, moverme para no molestarlos. Esto era una molestia para ellos, pero vergonzoso para mí. Además, cuando viví con mis hermanas dos años (ninguna de las dos fumaba) tenía que fumar en el patio de enfrente o de atrás sin importar el clima".

"Sí. Sentía que me estaban juzgando y menospreciando".

"Estaba listo para defenderme de cualquier comentario, pero en realidad, yo los envidiaba".

"No me importaba. Yo iba a hacer lo que quería. A cada cual, lo suyo".

40. ¿Cómo afectó su hábito de fumar o mascar a los que le rodeaban?

"Mi familia lo odiaba. Mi pareja se quejaba de que afectaba nuestra intimidad".

"Creo que la gente que me conocía y que me amaba lo soportaban y lo aceptaban. Pero a mucha gente le daba asco. Admito que de alguna manera me gustaba darles asco".

"Mis hijos se molestaban. Ahora sé que mi hábito de fumar probablemente fue la causa de muchas de sus infecciones de los oídos y de su sinusitis. Sólo puedo esperar que no habrá daño a lo largo, pero pude haber aumentado su riesgo de futuras enfermedades".

41. ¿Tuvo conflictos con otros como consecuencia de su hábito de fumar o mascar? Si es así, describa un incidente.

"Cuando estuve casada, mi marido no me dejaba fumar en la casa. Por supuesto que lo hice de todos modos, cuando pensé que podía salirme con la mía. Él me regañaba como si fuera una niña. Una vez dijo algo así como 'Prefieres fumar que estar conmigo.' Sabía que tenía razón y en realidad no podía decir nada. Yo quería que fuera diferente, pero sentí que no tenía control".

"Sí. El olor de la pipa fue desagradable para los demás".

"Mis hijos me suplicaban constantemente y hasta se enojaban conmigo. No sabía cómo explicar mi comportamiento. Con demasiada frecuencia me enojaba yo también con ellos, aunque sabía que tenían razón".

"Tenía una actitud de adicto, egoísta. Estaba a la defensiva y agresivo. 'No se metan entre mí y mis necesidades' fue mi lema".

42. ¿Cómo le afectaban los reglamentos en contra del fumar?

"Evitaba los lugares donde no podía fumar, incluso si estaba pasando algo que yo quería ver. Podía aguantar una hora sin fumar un cigarrillo, por lo que a veces asistía a un evento corto en territorio hostil".

"Recuerdo lo molesto que estaba cuando ya no se permitía fumar en el cine".

"Me molestaba, pero no lograron que me detuviera. Al contrario, me ayudó a ser más pertinaz en contra de ellos y lo usaba como un pretexto para fumar más".

"En general, evitaba las zonas restringidas, hasta que tampoco se podía fumar en los restaurantes y bares. Entonces tenía que salir para afuera con las 'masas hacinadas anhelando' o soportar la incomodidad. Esa ley me empujó hacia Nicotina Anónimos para dejar de fumar".

43. *¿Fue desafiante hacia cualquier persona, reglamento o publicidad que le sugería que debería dejar de fumar?*

"Rebelde era mi segundo nombre. Siempre tenía problemas con la autoridad".

"A pesar de que sabía que era ilegal, fumaba en áreas donde era prohibido fumar, tiraba colillas encendidas de la ventana del auto, dejaba caer cajetillas arrugadas al suelo. En mis ojos, yo era un rebelde, a los demás, probablemente un imbecil".

"Eso hizo que mi esposa se sintiera muy ansiosa y frustrada, especialmente después de que mi médico me dijo que tenía graves problemas pulmonares. Y aún no paré".

"Yo fumaba más en privado. No quería que la gente me viera como 'un fumador.'"

"No. Yo estaba agradecido. Quería dejar de fumar por mucho tiempo. La presión de la sociedad solo reforzó mi determinación cada vez mayor de dejar de fumar".

"A veces me tragaba el jugo del tabaco, pero más a menudo lo escupía en cualquier momento y lugar".

44. *¿Le afectó la advertencia del Cirujano General?*

"La advertencia del Cirujano General me tenía sin cuidado. Simplemente era otra marca de tinta en una cajetilla que no leía".

"Sí. Me hizo pensar que debería dejar de hacerlo en *algún* momento en el futuro.

Con ese llamado 'plan' podía creer que no era un idiota total".

"No me detuvo durante muchos años. Sin embargo, aumentó mi culpabilidad".

"Sí. Me reí. Estaba orgulloso de ser un fumador cien por ciento. ¡Qué tonto!"

"Siempre me molestaba un poco, luego me molestó aun más cuando comparó la adicción a la nicotina a la heroína. Fue un factor que me hizo parar".

45. *¿Cómo trató de controlar su consumo de tabaco?*

"Contando los cigarrillos, mirando el reloj, decidiendo cuándo fumaría y cuánto tiempo duraría la cajetilla. Comprándolos por cajetilla en lugar de por cartón, diciéndome a mí mismo que esta cajetilla sería la última".

"Estableciendo metas, límites, etc., pero no funcionaba".

"Con el tiempo, dejé de fumar en la casa o en el auto o cerca de mis hijos, y eso parecía ser control. Pero luego, con demasiada frecuencia, estaba eligiendo fumar en vez de pasar más tiempo con mis hijos. ¿Control? Yo estaba fuera de control".

LO QUÉ SUCEDIÓ

46. *¿Qué le hizo darse cuenta de que "AHORA" es el momento de parar? ¿Hubo una situación, persona o lugar en particular relacionado con su decisión de hacer algo acerca de su adicción a la nicotina?*

"No. Me remordía la conciencia durante años. Simplemente ya no podía tolerar la culpa por más tiempo".

"Muchos de mis amigos han dejado de fumar. Algunos de ellos eran tan adictos como yo. Sentí que si ellos podían encontrar una forma de dejar de fumar, yo también podría".

"Mi hija de 10 años me vió toser muy feo, y lloró".

"La intubación—estar en un sistema de soporte de vida".

"Muchas cosas en mi vida indicaban que ya era hora de dejar de fumar".

"Me di cuenta que había dicho que cuando cumpliera 30 años dejaría de fumar, cuando estuviera más equilibrado lo dejaría, cuando estuviera más relajado lo dejaría, cuando estuviera mejor organizado lo dejaría. Siempre lo empujaba hacia un futuro indefinido. Por fin acepté que el futuro era ahora. Que la vida me miraba de frente".

"La culpabilidad llegó a ser demasiado grande para enfrentarla. Me encanta mi vida. Quiero vivirla. Una tía murió de enfisema. Un tío está en tratamiento por cáncer de pulmón. Otro tío murió de un infarto. Otra tía tuvo un bypass en el cuello debido a una obstrucción de las arterias directamente relacionada con el fumar. Todos ellos eran fumadores. Vienen de ambos lados de la familia. No me estoy volviendo más joven. No quiero terminar como ellos".

"Yo estaba enfermo, otra vez más, y sabía que mi salud podría mejorar en algunos aspectos si dejara de fumar".

"Me estaba sanando en otro programa de Doce Pasos y quería estar completamente sano".

"Me enteré de Nicotina Anónimos y lo tomé como una 'señal' que había llegado el momento".

47. Describa "tocar fondo", como usted lo ha experimentado.

"Fumando cuando no quería fumar. Dándome cuenta de que tenía dos cigarrillos encendidos al mismo tiempo".

"Hospitalizaciones muy frecuentes antes y después de dejar de fumar".

"Con mis emociones atrapadas y los cigarrillos ya no funcionaban".

"Cuando fumaba tabaco barato de la marca de la tienda".

"No tuve que tocar fondo, pero lo veía llegar".

"Me quedé sin excusas y sabía que de todos modos eran mentiras".

"No dudaba que tenía que dejar de fumar y al mismo tiempo comprendí que no podía hacerlo solo. Recuerdo que en mi primera reunión dije, 'Ya no quiero usar la nicotina, pero no puedo parar, no tengo ningún control. Me aterra que me voy a regresar a casa después de esta reunión y fumar. ¡No sé que hacer!' Fue la primera vez que lo dije en voz alta, y lloré".

"Cuando el dentista me habló de las llagas blancas precancerosas en la boca".

48. ¿Un sentimiento de deshonestidad afectó su decisión de dejar de fumar?

"Me cansé de mentirme a mí mismo y a los demás diciéndoles que había dejado de fumar cuando no era cierto".

"Yo sabía que al final sólo me estaba engañando a mí mismo".

"No. Sabía que el tabaco podría matarme y sabía que iba ser un adicto hasta el día en que muriera".

49. ¿Cuántas veces intentó dejar de fumar? ¿Cuánto tiempo duró la última vez?

"Cuatro veces en 20 años. Una semana fue lo máximo".

"Como 300 veces. El más corto duró una hora, el más largo, 11 meses".

"Dejé de fumar '1000 veces '- a veces solamente por horas, luego por días o incluso semanas. Dejé de fumar para siempre el 21 de enero de 1984 cuando me entubaron por primera vez (ahora uso oxígeno)".

"Traté de dejar de fumar al despertar cada mañana de los últimos años. Me despertaba y me juraba a mí mismo que lo haría, pero siempre, después de esa primera taza de café, volvía a fracasar".

"Yo realmente no traté de dejar de fumar. Pensaba que no podía y no quería enfrentar el fracaso. Ya me sentía bastante mal porque fumaba. ¡Que locura! "

50. ¿Cuánto tiempo duró su síndrome de abstinencia físico?

"Para mí el síndrome de abstinencia físico duró tres a cuatro días cada vez que dejé de fumar. Esta última vez con Nicotina Anónimos y Dios, no sufrí ningún síndrome de abstinencia físico. Un regalo de Dios".

"Como una semana, y no fue tan malo. Peor fue la anticipación".

"No fue tan horroroso durante las primeras dos semanas. Creo que liberarme de la culpa fue una recompensa tan grande que apenas me di cuenta del retiro. Sin embargo, cuando tengo fecha límite para la entrega de trabajos escritos y paso largas horas frente a la computadora, que es donde fumaba mucho, aun después de cuatro semanas me siento desdichado y abatido. No quiero fumar, pero quiero huir de mi trabajo, porque el fumar y el trabajo formaban un equipo".

"Un mes. Difícil, pero hizo que nunca quería volver a hacerlo".

"Ha sido errático. Algunos días son muy difíciles, y otros fáciles. Durante 2-3 semanas".

51. ¿Cuánto tiempo ha durado su síndrome de abstinencia emocional?

"El síndrome de abstinencia emocional más pesado duró alrededor de 3 semanas y ahora de vez en cuando pienso en fumar y 'realmente quiero' un cigarrillo. He aprendido a ser honesto y decir: 'Quiero un cigarrillo' ya que es lo que está pasando en mi cabeza. Hoy en día lo 'digo' en vez de 'hacerlo.'"

"Cuatro meses más o menos fueron los difíciles. Me sentía un poco perdido hasta que encontré un patrocinador".

"Me sentía privado y fuera de control. Esos sentimientos iban y venían como el viento durante meses. Ahora, sólo tengo 'recuerdos' que aparecen y me animan a volver a fumar pero siempre y cuando me presento en las reuniones me acuerdo de lo que he ganado".

52. ***¿Qué otros métodos u organizaciones utilizó para tratar de dejar de fumar/mascar antes de acudir a Nicotina Anónimos?***

"Traté de dejarlo de repente, asistí a otro programa para dejar de fumar, y la hipnosis tres veces".

"Un programa para dejar de fumar, un hipnotizador, médicos, terapeutas, pastores, libros".

"La hipnosis, la acupuntura, chicle de nicotina, parches, una organización de salud".

"Lo intenté todo, incluso pagué dinero para sentarme debajo de algo que parecía pirámide".

"Yo pensé que no podría, por eso nunca lo intenté".

53. ***¿Cómo se enteró de Nicotina Anónimos?***

"Un amigo que fue a Nicotina Anónimos me lo mencionó".

"Yo vi un volante sobre una tablilla de anuncios".

"En una búsqueda en Internet. La Lista de Reuniones me enseñó dónde ir".

"En la sección de auto-ayuda del periódico".

"Un señor en otro programa me habló de Nicotina Anónimos y mi pensamiento fue que esto se trataba de llevar la idea de los Doce Pasos demasiado lejos. Afortunadamente para mí, no fue mi opinión final, y me uní a Nicotina Anónimos".

54. *¿Usted pensaba que tenía que haber dejado de usar la nicotina antes de ir a su primera reunión de Nicotina Anónimos?*

"Nunca se me ocurrió que se esperara que las personas tuvieran que haber dejado de fumar antes de asistir a una reunión".

"Sí. Yo no podía ir a Alcohólicos Anónimos mientras seguía bebiendo".

"Supuse que sí, pero me sentí aliviado al saber que no, porque al contrario, nunca hubiera ido".

"No, porque el volante decía: 'El único requisito es el deseo de dejar de usar la nicotina,' por eso sabía que me darían la bienvenida, y así fue".

55. *La primera vez que vino a Nicotina Anónimos, ¿pensó que podría dejar de fumar?*

"Cuando llegué a Nicotina Anónimos, sabía que podría dejar de fumar. Lo había hecho muchas veces. Mi gran temor era si podría no recaer".

"No sabía qué pensar o cómo dejar de fumar. Yo estaba desesperada".

"Tal vez, pero estaba consciente de que me guiaba un Poder Superior, paso a paso".

56. *¿Cuáles fueron sus primeras impresiones de Nicotina Anónimos?*

"Sentí que pertenecía. Los miembros de Nicotina Anónimos y yo compartimos una adicción en común. Ellos entienden mis batallas, y yo las suyas. Coincido con ellos al 100%".

"Me encantó desde la primera reunión".

"Ridículo, pero sincero. Estuve a punto de no ir a la segunda reunión—que bueno que sí fui".

"Esto es igual a mi otro programa de Doce Pasos. Puede que funcione".

"Un grupo comprensivo y me sentí cómodo".

"Siempre me ha gustado la gente. Inmediatamente sentí que esta era mi última oportunidad. Si no podía dejar de fumar aquí, con ellos, jamás dejaría de fumar".

57. *¿Es usted miembro de otro programa de Doce Pasos? Si es así, ¿piensa que necesita una participación separada en Nicotina Anónimos?*

"Sí. Considero que los dos programas forman una parte grande de mi recuperación. No hago un Tercer Paso en un programa y luego en otro. Había 'tomado una decisión.'

Trabajé los Pasos de cuatro hasta ocho en Nicotina Anónimos".

"Sí, pero no recibo el apoyo que necesito para la nicotina en mis otros programas y creo que el nivel de honestidad es mayor en Nicotina Anónimos".

"No. Nicotina Anónimos fue mi primer encuentro con un programa de 12 Pasos".

"Sí. Yo pertenezco a otros programas, pero me parece que la participación por separado en Nicotina Anónimos es obligatoria para mí. De lo contrario, podría 'olvidar' como no fumar".

"Sí. Participación por separado. Asisto a las reuniones de otro programa por patrones de comportamiento en las relaciones. Voy a Nicotina Anónimos por adicción a la nicotina. Se tratan de diferentes asuntos".

58. *¿Descubrió que su recuperación en otro programa de Doce Pasos dependía de dejar de usar la nicotina?*

"Después de varios meses en otro programa, me di cuenta que mi salud mental no podía ser restaurada siempre y cuando todavía fumaba una cajetilla entera cada día".

"Sí. Cada vez que recaía con el alcohol, recaía con el tabaco. Cuando finalmente dejé de beber, dejé de fumar".

"No. Yo tenía 12 años en AA antes de que tuviera el valor suficiente para ir a Nicotina Anónimos".

"Yo había estado en otro programa de 12 Pasos un rato para enfrentar mi comportamiento compulsivo. Por eso sabía que Nicotina Anónimos funcionaría para mí".

"Sí. Había estado en otro programa de Doce Pasos para tres meses y sabía que si realmente quería recuperar la salud, también tendría que dejar la nicotina".

59. ¿Ha cometido un desliz desde que vino a Nicotina Anónimos? Si es así, ¿qué fue lo que aprendió?

"Sí. Aprendí que tenía que pedirle ayuda a Dios y usar el programa como apoyo. Fue una buena lección".

"Sí, y me enseñó que tengo que esperar para que el milagro suceda en el tiempo de Dios, no en el mío. Mi responsabilidad consistía en trabajar los Pasos, y dejarlo en manos de Dios".

"El desliz comenzaba en mi cabeza mucho antes de meterme el cigarrillo en la boca. Las reuniones son mi medicina, por lo que ahora sigo asistiendo".

"Una vez que dejé de fumar, no he recaído. El servicio me mantiene centrada en el programa en lugar de en la nicotina. Creo en Nuestras Promesas, y trabaja si yo lo trabajo".

"Yo sigo asistiendo a las reuniones. Los miembros eran personas que entendían sin criticar, así es que dejé de fumar de inmediato".

"No fui durante meses. Me sentía avergonzada, pero finalmente me di cuenta que mi orgullo y la nicotina me estaban matando, así es que volví y me dieron una calurosa bienvenida".

60. Cuando había dejado de usar la nicotina, ¿hubo acontecimientos o sentimientos que le provocaron a consumir tabaco de nuevo?

"Acababa de gastar 80 dólares en el hipnotizador por segunda vez, cuando mi marido me dijo: 'Estas de tan mal humor, ¿por qué no fumas y ya?' Y lo hice".

"Cuando recaí, utilicé cualquier excusa que se me ocurría. La última recaída fue a causa de problemas sexuales con mi amante. Antes de eso se trataba de mi sobrepeso. Otras excusas eran la ruptura de una relación o 'sólo porque me dan ganas.'"

"Contratiempos, y la falsa creencia que podía controlarlo".

"Mucho estrés, situaciones que me obligaban a enfrentar sentimientos profundos".

"Pensé que como ya había dejado el hábito, podría fumar uno solo. ¡Me equivoque!"

"Dejé de usar drogas ilegales, entonces pensé que podría volver a usar nicotina porque es legal".

"La nada. No podía soportar el vacío interior. Llenaba ese vacío con nicotina. Y cuando no lo hacía, la nada me llenaba a mi".

**61. ¿*Cuál fue su reacción emocional cuando fracasó y no pudo mantenerse sin fumar?*

"Odio a mi mismo".

"Cada vez que recaía sentía más vergüenza, baja autoestima, sentimientos de culpa por el daño del humo de segunda mano, pero sobre todo un miedo callado, desesperado de que iba sufrir una muerte lenta y dolorosa a causa del fumar y no importaba lo que quería hacer, así era y jamás podría dejar de fumar".

"Frustración, ira, odio a mí mismo, mezclado con alivio—el conflicto constante".

"Culpabilidad. Una sensación de derrota. Impotencia ante la adicción".

"Depresión profunda y un miedo suicida".

"Shock, miedo".

"Decepcionada las primeras veces. La última vez que fracasé, lloré, estaba desesperada".

"Me sentía desesperado por mi cuenta, pero sabía que había esperanza si buscaba ayuda".

"Sentí que literalmente, moriría físicamente".

"Tenía miedo de que no podría dejar de fumar o que acabaría recayendo".

"Fue la cosa absolutamente más aterradora que he enfrentado".

62. *¿Tuvo problemas con el concepto de la impotencia? ¿Como llego a tener significado para usted?*

"Yo sabía cuando llegué a Nicotina Anónimos que era un adicto a la nicotina desesperado. Ser impotente y estar fuera de control aplicaban, pero pasaron 23 años de dolor y de intentos fracasados antes de que pudiera buscar la ayuda de Nicotina Anónimos (aunque sabía que los Doce Pasos ya trabajaban en mi vida.) "

"Creo que era un poco arrogante cuando vine por primera vez a Nicotina Anónimos. Fue después de que recaí que realmente me encontré cara a cara con mi impotencia. Le pedí ayuda a Dios y me dió su ayuda, pero no fue fácil para un rato después de eso".

"Yo sabía que era impotente por el hecho de que reconocía que los cigarrillos no eran buenos, pero seguía fumando de todos modos".

"Yo estaba confundida al principio, porque buscaba *el poder* para dejar de fumar. Después de meses de reuniones, tratando de controlar mi hábito de fumar, finalmente acepté que por mi cuenta yo no era suficientemente poderosa como para controlar la manera que la nicotina me afectaba. Entonces supe que tenía que unirme realmente al grupo".

63. *¿Cuánto tiempo pasó hasta que los Doce Pasos comenzaron a tener sentido para usted?*

"Es sólo ahora, mientras escribo esto, que entiendo cómo aplicar los Pasos a la nicotina. El cuestionario me está mostrando mi impotencia y también sirve como un inventario".

"Me tomó un par de semanas y mucha lectura. Es un proceso continuo".

"Siempre tenían sentido. Eran el sistema de apoyo que necesitaba para no fumar".

"Todo era nuevo y confuso por un buen rato, pero yo confiaba porque tanta gente se había recuperado utilizándolos—mantendría la mente abierta".

"Yo estaba aturdido y confundido durante meses hasta que conseguí un patrocinador que pasó tiempo discutiéndolos conmigo".

64. *¿Se sorprendió al enterarse que Nicotina Anónimos es un programa espiritual y no un programa para dejar de fumar?*

"No. Lo entendí perfectamente. Me alegré de que fuera un programa espiritual y no sólo un programa para dejar de fumar. A pesar de que todo era nuevo para mí, le di la bienvenida al cambio. Mi vida no funcionaba. Necesitaba un programa espiritual".

"Sí. No sabía que pensar de todo esto al principio".

"La palabra 'Dios' me sorprendía y me molestaba hasta que los miembros me explicaron que era de mi propio entendimiento y nadie trató de 'convertirme' a una religión".

65. *Al principio ¿cómo se identificó con el concepto de un "Poder Superior?" ¿Ha cambiado su actitud? Descríbalo.*

"Tenia un concepto infantil de Dios que funcionaba para mí. Sin embargo, durante los últimos años he practicado el Undécimo Paso como una parte importante de mi vida diaria. He perseguido diferentes tipos de meditación y caminos espirituales. Es una relación muy personal con un poder que está siempre disponible para mí simplemente yendo a mi interior para estar en comunión. Es una experiencia constante y maravillosa que no me quiero perder para nada".

"Poder Superior, que yo llamo Dios, es mi concepto de una fuerza universal de la vida y a través de todo. El único cambio fue que en un principio no podía decir 'Dios,' y ahora no importa y puedo decir 'Dios.'"

"Tuve problemas con el concepto de un Poder Superior. Yo no creo en 'Dios' como la mayoría de la gente. Yo creo en una especie de fuerza. Creo en la parte superior de mí mismo. Es lo mejor que puedo hacer."

"A través de la metafísica".

"Me identifico con el poder del grupo como mi Poder Superior".

"Yo tenía un Poder Superior en otro programa al cual le di cargo de todo desde el principio en Nicotina Anónimos".

"He sido una persona religiosa durante 42 años. Eso no ha cambiado".

"Nunca he querido estar en un club religioso. La naturaleza siempre ha sido mi inspiración y mi guía espiritual. Con el cuidado del grupo y la belleza de la Naturaleza tengo mi experiencia trascendente que me levanta de mi adicción".

"Siempre he pensado en él como Dios. No he tenido ningún Dios o poder espiritual en mi vida durante años. Llegar al punto en que podía decir 'Ya no puedo hacerlo solo fue el comienzo del regreso de Dios en mi vida".

"Considero que mi Poder Superior es un Objetivo Superior que me llama a actuar más allá de los motivos egoístas enumerados en la Oración del Tercer Paso. El servicio es una forma de cumplir con este Objetivo, y me conecta con ese Poder y su Paz".

66. ***¿Tiene patrocinador? ¿Es usted patrocinador de alguien?***

"Todavía no, pero tengo a mis compañeros de Nicotina Anónimos y nos apoyamos mutuamente".

"Yo uso a las personas en el programa como mis patrocinadores".

"Sí. Encontré un patrocinador después de mi segunda reunión".

"Me tomó un tiempo para encontrar el valor para pedírselo a alguien, pero mi patrocinador me fue muy útil. Ahora devuelvo el favor mediante el patrocinio de un recién llegado".

67. ¿*Porqué siguió asistiendo a las reuniones de Nicotina Anónimos?*

"Yo volvía a Nicotina Anónimos porque sabía que era un adicto completamente indefenso y tenía fe en que si los programas de Doce Pasos ayudan a muchas personas con adicciones, entonces Nicotina Anónimos me podía ayudar a mi".

"El apoyo emocional de saber que todos estábamos luchando juntos. La posibilidad de ser libre me hizo volver. Nunca dudé que funcionaría".

"Yo siento que pertenezco. Los demás comparten mi adicción. Siento que el apoyo es inapreciable y trabajar los Doce Pasos es la única solución para mí".

"Al ver que otros lo logran. Nada más había funcionado para mí".

"¡La gente! La desesperación y el compromiso con el grupo".

"El apoyo y la tolerancia a las recaídas. El 'programa gentil' que necesitaba".

¿CÓMO ES AHORA?

68. *¿Todavía siente antojos por la nicotina?*

"Rara vez. Pero aún sueño que deseo y hasta fumo un cigarrillo. Me despierto muy alterado, así que reconozco que realmente no quiero volver a fumar".

"No, antojos no, pero a veces si estoy en una situación bastante estresante y veo a alguien encendiendo un cigarrillo, pienso, ¡caramba!, sería bueno poder escapar por un momento. Entonces digo, gracias, Dios, porque no tengo que hacerlo".

"No siento el deseo por la nicotina tanto como me siento privado de mi 'compañero.'"

"Sí, pero casi nunca. Me sorprenden, pero por lo general están ligados a un deseo de escapar o cuando me siento agobiada".

"No desde las primeras semanas de abstinencia. Me ha surgido un 'deseo' de vez en cuando. Pero ahora entiendo que tengo 'recuerdos' debido a todos los lavados de cerebro que me hice. No puedo borrarlos, pero no tengo que 'obedecerlos.'"

"No la ansío, pero me siento insegura cuando estoy trabajando porque no tengo cigarrillos. Sin embargo, no se me antoja la nicotina para remediar el problema".

"He perdido totalmente la obsesión de aspirar gases tóxicos en mi cuerpo".

"Al principio tenía muchos antojos a lo largo del día, pero luego cada vez menos. Ahora a veces tengo 'pensamientos' de fumar, pero no se me antoja la nicotina. A veces extraño la sensación, pero me recuerdo que no extraño todo el horror que la acompaña, por lo que me concentro en todo lo que he ganado".

69. *¿Ha notado un aumento en el deseo de meterse algo en la boca?*

"Me comí un montón de cacahuates y chocolates, pero me cambié al chicle sin azúcar".

"Sí. Volví a descubrir la comida en gran manera, y he tenido que lidiar con eso. Es un reto. También utilizo muchísimos palillos".

"Ay sí, y de morder algo. Un miembro me recomendó la raíz de regaliz. Las mastico y eso ayuda a aliviar el deseo".

"Sí, pero acepto totalmente que un cigarrillo no es una opción".

70. **¿Cómo le ayudan las reuniones a permanecer libre de nicotina?**

"Las reuniones son un recordatorio semanal que yo soy como los demás miembros, impotente ante la nicotina, y que puedo recaer sin vigilancia y mantenimiento constante. También tengo la oportunidad de conocer y ayudar a los recién llegados".

"Al escuchar a los recién llegados quejándose de lo mal que se sienten, me acuerdo como era sentirse así. También me da la oportunidad de compartir mi experiencia, fortaleza y esperanza, así como lo que está pasando en mi vida hoy".

"El apoyo es de suma importancia, sabiendo que no estamos solos en esta batalla, alentados por los que nos han precedido, consiguiendo consejos útiles, compartiendo la agonía y la alegría con personas que nos entienden".

"Presión de los compañeros / apoyo del grupo. Recordatorios de lo difícil que era antes".

"El saber que son permanentes me mantiene comprometida".

"Cuando hablo, me refuerzan, y eso me apoya mucho para lograr mi meta".

"Las reuniones hacen que yo salga para hablar y estar con gente que comparte algunos de mis problemas. Me dan la oportunidad de expresar bondad y amor. Me dan la oportunidad de recibir bondad y amor de otros".

"El esfuerzo de ir a las reuniones ejercita y fortalece mi compromiso. Si me da flojera, podría recaer. Cada reunión es como un curso de actualización".

71. ¿Qué ha aprendido en las reuniones sobre la vida?

"Aprendí que el deseo de fumar desaparecería si yo fumaba un cigarrillo o no. ¡Esta fue la mejor noticia que jamás había escuchado! De esto he aprendido el significado de 'esto también pasará' de una manera personal que antes no entendía".

"Puedo vivir sin la nicotina, un día a la vez. Hablar del deseo o la obsesión y ser honesta acerca de tener el deseo / obsesión le quita el poder y no tengo que fumar".

"Que puedo vivir feliz libre de la nicotina, incluso con gratitud extática".

"Se pueden realizar cosas de gran alcance con la ayuda de un grupo de personas que creen en lo que están haciendo".

"Ser más tolerante, tender la mano, abrirme más".

"He aprendido a ser más responsable por mi propia paz y felicidad".

"Antes creía que era imposible dejar de fumar. Ahora sé que era por miedo, no un hecho. Cambiar cualquier comportamiento puede ser desafiante, pero ya no se puede descartar como 'imposible'. Pedir ayuda y guía espiritual".

"Soy más normal de lo que jamás pensé. Eso me ha dado tanto aceptación como fortaleza".

72. ¿Cuáles emociones nuevas han surgido? ¿Cuál herramienta o mensaje de Nicotina Anónimos utiliza para enfrentar a estos nuevos sentimientos?

"Tengo tanta rabia que antes no sabía que tenía. Las formas principales de tratar esta rabia son participación en las reuniones y aprendiendo de mi patrocinador nuevos métodos para manejarla adecuadamente".

"Yo tenía mucha rabia al principio, así como sentimientos de soledad, tristeza, y miedo. Uso el teléfono para hablarles a otras personas en el programa. A veces les hablo a los recién llegados y ¡eso me hace sentir agradecimiento bien rápido! Además, recuerdo que los sentimientos pasan y que hago lo que tengo que hacer hoy, no importa lo que esté sintiendo. A veces nomás digo, 'Bueno, hoy estoy deprimido, pero no importa. No es nada del otro mundo.' Mientras que en el pasado, si estaba deprimido, alimentaba la depresión y realmente me sumergía en ella. Ya no hago eso".

"Recitando la frase, 'Esto también pasará' me ayuda a manejar mi ansiedad".

"He mantenido la cordura infinidad de veces repitiendo la Oración de la Serenidad. Mis sentimientos son más manejables con la sabiduría de esta perspectiva".

"Uso nuestros Refranes, 'Elija la fe en vez del miedo' y 'Acepte el sentimiento' porque mis recaídas me han enseñado que tengo que 'Cuidar mis Pasos.'"

"Si empiezo a llorar la pérdida de mi vieja amiga, la nicotina, le hablo a alguien en la lista de teléfonos y hablamos de ello".

"Cuando me siento abrumada, espero un momento y recuerdo que estoy 'Agradecida por la gracia' y así me tranquilizo y me acuerdo que hay que tomar las cosas una por una".

"Yo rezo, hablo con la gente, practico 'Tómalo con calma.' Funciona para mí".

73. ¿Alguno de estos sentimientos ponen en peligro la continuación de su abstinencia? ¿Cuáles?

"Creo que jamás siento que estoy en peligro de fumar en realidad. Pero mis sentimientos más destructivos son el miedo a la insuficiencia y la ruina económica. Y el futuro. Con eso tengo que tener cuidado. Estoy muy atento a mi programa cuando surgen estas cosas, pero nunca pienso que volver a fumar podría mejorarlo".

"Todos la ponen en peligro".

"No. He aprendido a convivir con los sentimientos y tratarlos".

"No. Nada de lo que estoy pasando me hace querer volver a usar nicotina. La nicotina representa el veneno y la muerte. Estoy aprendiendo un nuevo método de enfrentar mis ansiedades y enojos".

"Sentirme menos aceptable por mi aumento de peso".

74. *¿Siente más rabia de lo que sentía mientras usaba la nicotina? Si es así, ¿cómo la maneja?*

"Al principio sentía más coraje porque lo había suprimido durante tanto tiempo. Ahora siento que estoy menos enojado y uso los Pasos para determinar si yo tengo la culpa o si el enojo es justificado. Si es así, trato de expresarlo de manera constructiva a la persona con quien estoy enojado. A veces eso no es posible, así que me desahogo con un amigo para que pueda deshacerme del sentimiento".

"Sí. Me cuesta trabajo tratar con la rabia. Me encuentro cediendo el control de un montón de cosas, soltando las riendas a las que realmente no puedo controlar. Me encuentro incluso soltando las riendas de las que sí puedo controlar cuando no son de alta prioridad o cuando el resultado final no vale la pena del esfuerzo".

"Respiro profundo cinco veces y / o repito la Oración de la Serenidad".

"Todo lo siento más ahora, pero acaricio mi gato o me paseo por el jardín".

"Yo rezo si creo que voy a perder el control. Me hablo a mí mismo porque sé que si pierdo el control soy yo el que va sufrir más que nadie. He aprendido que no disfruto de mi coraje como antes".

"Yo uso la lista de teléfonos para hablar con mi patrocinador o con miembros del grupo y así arreglo las cosas. Saber que me escuchan ayuda a calmarme e incluso a analizar cualquier papel que yo pueda haber jugado en la situación".

75. *¿Cuáles actitudes han cambiado en usted como resultado de haber llegado a Nicotina Anónimos?*

"Me veo a mí mismo y a otros con mayor claridad. No me estoy ocultando la verdad. He descubierto que soy capaz y tengo más autoestima y confianza en mis habilidades. Hago cosas que me gustan y me siento bien al respecto. Me gusto más a mí mismo porque hay más que gustar. Estoy realmente viviendo ahora. Me siento positivo sobre el futuro y sobre mi capacidad de crear una mejor vida".

"Yo solía suprimir mi rabia con la nicotina y luego volverme desagradable y vengativa. Ahora he aprendido a expresar el enojo adecuadamente y toda mi actitud se ha vuelto mucho más tranquila".

"Una sensación de que estoy haciendo algo positivo para mí. Falta de culpa".

"Ay, ¡ahora soy tan inteligente! Mi CI ha aumentado al menos un 20%".

"Soy más tolerante de mí mismo y los demás".

"He cambiado por completo mi vida interna. Más que nada, estoy consciente de mi enfermedad cuando resurge. Mi enfermedad incluye sentir lástima por mí misma, ser egoísta, deshonesta, ser la víctima, sentir enojo, resentimiento, arrogancia, vergüenza, tener miedo, y juzgar a los demás. Ahora reconozco cuando estoy haciendo esto. También sé por qué lo hago. Doy pasos cada día para cambiar todos estos defectos de carácter y reemplazarlos con amor, humildad, espiritualidad, paciencia, compañerismo, servicio, aceptación, valor y honestidad".

76. *¿Se siente más honesto? ¿De qué manera se relacionan su compromiso con la honestidad y su libertad continua de la nicotina?*

"En vez de fumar 'a' alguien, soy capaz de hablar y decir mis verdades. No me deprimo como antes".

"Yo les informo a la gente lo que traigo en la mente. Ahora quedan muy pocas tonterías en mi vida. Me siento más cómodo en el mundo ahora".

"Sí. No quiero estar lleno de mentiras, o volver a ser tonto, o volver a la muerte lenta. La honestidad me ayuda a ver la manera de avanzar con mayor claridad".

"Tenía que hacerme honesto para liberarme. Si no me mantengo honesto, no mantendré mi libertad".

77. *¿Se siente seguro de que no volverá a usar la nicotina?*

"Sí, me siento seguro. Yo sé que mientras soy honesto conmigo mismo no voy a empezar de nuevo".

"Absolutamente no. Sé que si no uso las herramientas de Nicotina Anónimos para mantener mi sobriedad seguramente voy a recaer. Ya lo he hecho con demasiada frecuencia".

"Siento que la nicotina ya no es una opción para mi. Pero necesito las reuniones y el apoyo".

"Más o menos segura. Siempre está en cuestión".

"Temo que exista la posibilidad".

78. **¿Su principal preocupación sigue siendo evitar el uso de la nicotina?**

"En realidad, la adicción fue a la nicotina, pero mi obsesión era fumar".

"Sí. Mi segunda preocupación es hacer mi trabajo sin usar nicotina. Mi tercera preocupación es controlar mi coraje".

"Me preocupa, pero sobre todo es aprender a vivir la vida en sus propios términos".

"Por supuesto, la nicotina es siempre una preocupación, pero me concentro en la recuperación. He llegado a creer en el consejo: 'Enfóquese en la solución y no en el problema.'"

79. **¿Se aleja de los fumadores en lugares públicos o evita ciertos lugares donde fuman?**

"La mayoría del tiempo, pero a veces me atrae y me quiero acercar".

"Al principio pensé que no me importaría, pero ahora no lo soporto".

"Sí. Odio estar en la lavandería. No quiero llevarme el olor a casa".

"Yo no quiero ni respirar esas toxinas, ni correr el riesgo de desencadenar un deseo. Acepto que la adicción a la nicotina es astuta y evito tomar riesgos".

"Aprendí desde el principio a tener cuidado y evitar ciertas 'personas, lugares y cosas' y eso me ha servido bien. Tengo mejores retos para enfrentar".

80. *¿Vive o trabaja cerca de alguien que usa tabaco? Si es así, ¿cómo le afecta?*

"Yo sí. Me encuentro luchando entre la aceptación y el cuidado de mí mismo".

"Yo trabajo con varias personas que fuman; uno de ellos es mi jefe. No tengo ningún problema con el hecho de que fumen. No lo hacen en la oficina o en mi entorno. Siento que están algo incómodos conmigo o con ellos mismos porque asisto a Nicotina Anónimos y me libré de la nicotina".

"Sí, y tengo que recitar la Oración de la Serenidad a menudo. Me ha quedado muy claro como mi hábito de fumar afectaba a los demás y la importancia del Noveno Paso".

81. *¿Qué siente cuando ve a alguien fumando o mascando tabaco?*

"Pienso en mi propia adicción. Me identifico con su necesidad de usar la sustancia. Estoy completamente agradecido de que ya no uso la nicotina".

"De no ser por la gracia de mi Poder Superior, allí voy yo".

"Asco. Les tengo lastima".

"Triste por su sufrimiento".

"Siento alegría por no estar usando nicotina".

82. *¿Las personas que aún fuman o mascan tabaco reaccionan negativamente al hecho de que usted dejó de hacerlo? Si es así, ¿cómo los trata?*

"No. Por lo general, hacen todo lo posible para explicarme como van a parar tan pronto como se organicen de alguna manera. O hablan de lo poco que fuman. Pero solo los escucho sin juzgarlos, porque yo también tenía mis 'razones para demorar,' mis excusas".

"Sí. Les da miedo y tal vez estén resentidos. Yo nada más los dejo ser lo que son. No les hablo del programa porque se que no es el momento oportuno para que escuchen lo que tengo que decir. Pero si me preguntan, se los digo".

"No. Ellos saben que la nicotina los está matando. Les dejo ver el brillo en mis ojos. Dejo que se pregunten si pueden tener lo que tengo yo".

"Yo entiendo que esto es su 'cerebro en la nicotina,' no quienes realmente son".

83. *¿Se siente fortalecido por las recientes reacciones públicas en contra del fumar? ¿O irritado?*

"Estoy agradecido de que dejé de fumar cuando lo hice".

"Estoy 100% a favor de cualquier cosa que pueda ayudar a la gente a dejar de fumar. No existe otra sustancia legal tan peligrosa como los cigarrillos. Sólo algunos bebedores se vuelven alcohólicos. Muchas personas beben con moderación durante toda su vida. Pero todos los fumadores habituales son adictos. Se trata de una sustancia mortal subsidiada y apoyada a causa del dinero de por medio".

"Estoy contento de que la conciencia esté creciendo".

84. *¿Sabe de otras personas que usted ha inspirado para que dejaran de fumar?*

"He sido fuente de inspiración para algunos y eso me ayuda a mi también".

"Sí. Tengo amigos y familiares que me han seguido en la recuperación".

85. *¿Cuáles acciones positivas ha sustituido por el uso del tabaco?*

"Cosas sencillas. Respiro profundamente, tomo té de hierbas, mastico un popote de plástico o un palillo de dientes, cualquier cosa que me ayude a aliviar el estrés".

"Yo tomo descansos regulares y vuelvo a leer 'Frases para ayudarnos a vivir felices y libres de nicotina' o uno de los otros folletos".

"Entre reuniones, les hablo a un par de miembros de mi grupo para ver como van, y eso me ayuda a no distraerme".

"Yo medito y rezo con mayor frecuencia, y mantengo una lista de gratitud todos los días".

"Caminar o andar en bicicleta. Me preocupa el aumento de peso".

"Sí. Escribo y canto de nuevo. Mi cabeza esta más clara y ahora puedo sostener notas largas como cuando era más joven".

"Me mantengo ocupado trabajando los Pasos y practicando los principios del Programa".

86. ¿Cree usted que ahora tiene más tiempo? ¿Qué intereses nuevos ha cultivado?

"Cuando mi patrocinador me dijo que tendría más tiempo, no se lo creí. Increíble, pero ¡es cierto!"

"Volví a la universidad y terminé la licenciatura y comencé una nueva carrera".

"Sí. Definitivamente tengo más tiempo y me siento capaz de enfrentar nuevos retos".

"Haciendo juguetes para los niños que han sido abusados / descuidados / o con SIDA y ayudando a la sociedad".

"Ahora que tengo energía, hago ejercicio. Termino las tareas del hogar en la mitad del tiempo sin tantas interrupciones para fumar cigarrillos".

"No, pero tengo más dinero. Leo más, asisto a muchas reuniones y hago servicio en el programa".

"Estoy más organizada ahora, y disfruto de las flores que sembré en mi jardín".

"He desarrollado un interés por el arte, el dibujo, la pintura, la escritura, y la escultura".

"Sí. Comencé en serio una búsqueda espiritual activa. También decidí aprender a jugar al tenis porque siempre había querido hacerlo pero nunca lo había intentado".

"Nada nuevo en realidad. Solo que me estoy envolviendo más en las cosas que me gustan hacer, como la yoga, escuchar música, hacer ejercicio, practicar deportes, escribir, estar con la gente".

87. *¿Cómo ha cambiado su salud física?*

"Mis dolores crónicos de cabeza desaparecieron".

"Mejor respiración, sentido del olfato, aumento de resistencia física, y hacer ejercicio es más agradable".

"Cómo dicen *Nuestras Promesas*, 'La salud es una experiencia nueva,' y estoy muy agradecida".

"Mi enfisema se ha detenido".

"No he tenido bronquitis desde que dejé de fumar hace diez meses".

"Si llego a sentirme mucho mejor ¡será demasiado difícil de soportar!"

"Mi circulación ha mejorado. No tengo llagas en la boca. Me siento mejor en todos los sentidos".

"Mi salud general es mejor. Tengo más fuerza, ya no tengo resaca de cigarrillos, puedo respirar mejor. Puedo reírme fuerte sin toser. Este es un gran signo de mejora".

"Mi voz es mejor, menos áspera. No toso durante los primeros diez minutos de cada día".

"Puedo oler y saborear de nuevo, los resfriados duran menos tiempo, tengo más energía".

88. *¿Cree usted que su apariencia física ha mejorado? Si es así, ¿esto juega un papel importante en mantenerlo libre de la nicotina?*

"Sí, porque sonrío más. No apesto a tabaco, ya no tengo los dedos amarillos, y mis amigos me dicen que tengo un brillo especial".

"Sí. Es un refuerzo positivo. Mi cutis es más suave y radiante. Todos mis sentidos han aumentado y me siento más vivo".

"Me siento más alto, pero tal vez es sólo porque al fin me defendí solo".

89. ¿Ha aumentado de peso?

"Sí, subí como 30 libras al principio, luego las perdí, pero recuperé cerca de 10".

"Yo subí 35 libras en el primer año. El peso se estabilizó y me quedé con cinco libras extras. Me veo ahora estupenda. La gente siempre me dice que me veo muy sana".

"En verdad no. Tengo una rutina de ejercicio y no es problema".

90. ¿Meditaba regularmente antes de llegar a Nicotina Anónimos? ¿Y ahora? Si sus prácticas han cambiado, describa como.

"No, no lo hacía. Supongo que a veces el fumar me parecía ser como una meditación, pero era más como una enajenación inconsciente en vez de un contacto consciente".

"Yo medito, quiero decir que me quedo quieta y 'escucho' pero no es ninguna disciplina en particular".

"Sí. Ahora todos los días. Me otorga una paz interior de la que recibo mayor comprensión".

"Comencé a hacerlo, pero no con regularidad. No estoy acostumbrado a estar sentado sin moverme".

91. ¿Cómo interpreta usted cada parte de la Oración de la Serenidad?

"El folleto *La Oración de la Serenidad para los usuarios de la nicotina* es muy claro y describe mis sentimientos y comprensión de la Oración de la Serenidad mucho mejor de lo que yo podría".

"No puedo cambiar a otras personas. No puedo cambiar 'el sistema,' el mundo, ni siquiera a mi propio hijo. Puedo cambiar mi actitud y mis acciones. Es muy fácil ver la diferencia, pero no siempre es fácil aceptarla".

"No puedo cambiar mi deseo por la nicotina. No puedo usar mi voluntad para librarme de ella. No puedo cambiar el hecho de que soy un adicto. Acepto que tengo antojos incontenibles por la nicotina. Lo que sí puedo cambiar es cómo manejo esos deseos. No tengo que alimentarlos. El valor para no alimentarlos viene de mi Poder Superior, el apoyo del grupo, y siguiendo el plan a diario, momento a momento".

"No puedo cambiar las personas, lugares y cosas. Puedo cambiar la manera en que reacciono. Mi intuición me dice que cosas puedo y no puedo cambiar. Hace mucho que hago esto".

"No puedo cambiar el clima, el tiempo que me toca vivir en el planeta, la naturaleza humana. Puedo cambiar mi comportamiento. El valor viene de dentro y creo que siempre lo he tenido".

"La Oración de la Serenidad es mi ancla a la cordura. La causa de gran parte del estrés en mi vida ha sido tratar de cambiar lo incambiable mientras evitaba lo que sí podría cambiar. La sabiduría puede ser por mi Poder Superior, o de mi percepción honesta. Una vez que se aclare, estoy más a gusto".

92. ***¿Está contento por su falta de control sobre la nicotina y por lo que le ha traído a su vida?***

"No. Es muy latoso. La impotencia es un sentimiento doloroso que provoca miedo y desesperación y no me agrada. Nicotina Anónimos me ha ayudado con esto y estoy muy agradecido que estaba allí para echarme la mano".

"No me alegra ser impotente ante la nicotina, pero estoy muy agradecido por la gente y los beneficios que Nicotina Anónimos trajo a mi vida".

"Absolutamente. Mi adicción a la nicotina me dió algo concreto con que trabajar. A pesar de que había participado en otro programa de 12 Pasos para tres meses antes de Nicotina Anónimos, las cosas se unieron como un torbellino una vez que dejé la nicotina, sobre todo con mi Poder Superior".

"Me alegra entender que yo era impotente, porque la nicotina es adictiva y una vez que está en mi cuerpo, soy un adicto. Estoy contento de haber aprendido a rendirme en lugar de seguir con mi previa batalla perdida. El aceptar las cosas que no puedo cambiar ha traído más paz a mi vida".

93. ¿Cómo trabajan los Pasos?

"Doy gracias a Dios todos los días que hoy no tengo que usar nicotina. Rezo y medito todos los días. Hago un inventario personal y le pido ayuda a Dios para poder mejorarme. Yo llevo el mensaje de Nicotina Anónimos cuando y donde tenga la oportunidad".

"Escribo. La tinta me ayuda a pasar de las palabras a las acciones. El proceso me hace más responsable y me ayuda a ser riguroso. También me permite repasar y revisar de vez en cuando mientras vivo y aprendo a través del tiempo".

"Rezando, asistiendo a las reuniones, escuchando a mi patrocinador, y escuchándome a mí mismo".

"Algunos miembros y yo iniciamos un grupo para estudiar a fondo los Pasos después de la reunión regular. Eso me ayudó a concentrarme y aprender de los demás".

"En tres palabras: practicando, practicando, practicando".

94. ¿Ha ofrecido su servicio a una reunión, intergrupo, o al nivel de Servicios Mundiales? Si es así, ¿qué ha ganado a través de esa experiencia?

"Sí. Empecé por tomar la llave para abrir las puertas de la reunión, y con el tiempo me tocó presidir la reunión".

"Todavía no. No sé si estoy demasiado nervioso o no quiero".

"Sorprendiéndome a mí misma, me ofrecí para ser secretaria intergrupal. Aprendí mucho y desarrollé nuevas habilidades y confianza".

"Yo fui servidor de correo electrónico para los Servicios Mundiales, lo que me conectó con gente en muchos otros países. Me gustaba saber que estaba ayudando a la gente a conseguir Kits de Inicio o proporcionándoles información sobre una reunión cercana".

95. ¿Está involucrado en ayudar a los recién llegados?

"Sí. Desde que aprendí en mi otro programa que los recién llegados son el alma de la organización".

"Ahorita me preocupa ayudarme a mí mismo".

"Como dicen, 'los recién llegados lo mantienen verde.' Y mientras siguen llegando habrá reunión, y mantendremos nuestra comunidad. Yo creo en la sabiduría de llevar el mensaje y en el servicio".

"Ayudando a los recién llegados, comprendo cosas de mi mismo que no percibí al trabajar mi propio Cuarto Paso. Los recién llegados pueden sostenernos un espejo".

"Siempre. Les doy mi número de teléfono y comparto mi experiencia, fortaleza y esperanza. De vez en cuando trabajamos los Pasos juntos".

"Sí. Hablamos y nos prestamos apoyo mutuo".

"Sí. Apoyándolos y mostrando fe en que tendrán éxito".

96. *¿Ha tenido un despertar espiritual?*

"Estoy en el proceso de tener un despertar espiritual. A medida que trabajo los Doce Pasos, se pone más y más claro".

"Siempre he sido espiritual a mi manera. Es un viaje para toda la vida".

"Ahora estoy más abierta a las posibilidades, más capaz de pedir ayuda, más dispuesta a poner en practica la Oración del Tercer Paso".

"El espíritu de esta comunidad ha abierto mi corazón y he vuelto a renacer".

"Sí, porque el proceso se respete como uno que yo pueda entender, lo que significa que no tenía ninguna necesidad de resistir la idolatría de cualquier otra persona".

97. *¿Han cambiado sus conceptos de "Dios", comoquiera que usted define el término, desde que llegó a Nicotina Anónimos?*

"Este es un gran problema para mí. Tengo serios resentimientos hacia la religión organizada. No creo en un 'Dios' tal como las iglesias han definido a este poder. Yo creo que hay una fuerza de vida y eso es lo mejor que puedo hacer ahora".

"Antes de Nicotina Anónimos, yo no tenía un Dios. Ahora sí. El concepto no importa. No me preocupo por el concepto, eso vendrá".

"He llegado a preferir el término del programa, 'un Poder Superior a nosotros' porque se centra más en el principio en lugar de en una personalidad".

"Cuando era un recién llegado no me hubiera quedado si no fuera que cada miembro puede tener su propio conocimiento de un Poder Superior. Este principio me ha ayudado a ser más abierto a la espiritualidad".

"Sí. El Dios de mi comprensión actual es diferente al concepto que tenía cuando entré a estas habitaciones por primera vez. Ha sido motivante explorar y desarrollar mi propia fe".

"Mi concepto de Dios no ha cambiado, pero el nivel de mi espiritualidad y su aplicación a la vida diaria ha incrementado".

98. ***¿Si es así, cómo logra que el concepto de Dios se relacione con usted y su vida diaria?***

"Por medio de la oración diaria y afirmaciones a mí mismo que esta vida es un viaje y que Dios es el guía".

"Creo que mis pensamientos y mis palabras son creativos. Yo soy co-creador con Dios y mi vida es en realidad una expresión de Dios. No tengo que tratar de 'entenderlo,' sólo aceptar en mi mente lo que Dios ya me ha otorgado".

"Creo que esta fuerza es como un gran espacio espiritual, algo así como un gran río, y mientras que yo entrego las cosas se van a este espacio y la fuerza se las lleva. Existe un espíritu más elevado dentro de mí. Supongo que confío más en ese espíritu que en la gran fuerza. (Como podrá ver, estoy luchando con esto.)"

"Pongo mi mano en la mano de Dios y Dios se encarga de todo (si no me meto en el camino)".

"Viendo a mi Dios como mi protector y guía".

"Me pongo de rodillas y rezo en la mañana y en la noche".

"Mi 'concepto de Dios' es una llamada para un propósito más elevado. Cuando voy más allá de mis motivos egoístas, sirvo a este propósito, y estoy servido como resultado. Esta aspiración inspira mis esfuerzos diarios, por imperfectos que sean".

99. ¿Se ha convertido en proselitista de no fumar / mascar? ¿De Nicotina Anónimos?

"Yo no diría que lo soy, sin embargo creo que algunas personas piensan que sí".

"Tal vez sólo un poco. Trato de no hacerlo porque a la gente no le agrada. Con el tiempo lo hago menos".

"No es mi deber hacer que otros se sientan culpables por su hábito de fumar. Pero mis amigos saben que estoy en Nicotina Anónimos y se sorprenden que un adicto como yo fue capaz de dejar de fumar, y saben que pueden acompañarme cuando quieran".

"Yo mantengo un perfil muy bajo".

"Puedo envolverme demasiado, por eso tengo que contenerme. Todavía estoy aprendiendo a llevar el mensaje de forma adecuada. Quiero ayudar, no estorbar".

100. ¿Cuáles factores cree usted hacen que la gente vuelva a las reuniones?

"Al principio, identificación con los demás y esperanza. Luego, el vínculo afectivo que hay entre los miembros y para la reunión misma, la sensación de tener un grupo base. También para cumplir con el deseo de llevar el mensaje".

"Las historias de éxito, pero más que nada, tener un lugar donde podía compartir mis problemas era la mayor atracción. Las fichas fueron la herramienta que me llevaron a Nicotina Anónimos y me gustan".

"El deseo de recuperarme y superar la adicción, la sensación de seguridad, la comunidad, y el sentido de pertenencia con otros que entienden".

"Las reuniones son un lugar para celebrar el don y reconocer mis esfuerzos".

"Ser testigo de los primeros días / semanas de libertad de los recién llegados es una gran alegría para mi".

"Las oportunidades para servir me ayudan a recuperar valor de los años perdidos".

"Es programa de atracción, no de persuasión".

"Apoyo y aprobación. Un lugar para ser escuchado, respetado, y sanado".

101. Si ha tenido más de un año de abstinencia de la nicotina, ¿todavía asiste a reuniones de Nicotina Anónimos con regularidad?

"Asistí a las reuniones con regularidad durante tres años, luego me mudé, así que inicié una nueva reunión".

"Sí, para servir al grupo. Entiendo que soy más propenso a mantener mi libertad si devuelvo lo que he conseguido. En el servicio, hay curación".

"Sí. Es una de las mejores maneras de practicar y sentir mi gratitud".

"Hay demasiado que perder si no voy. Las reuniones son mi seguro".

102. ¿Cuánto tiempo espera necesitar reuniones?

"Al principio necesitaba las reuniones, ahora las disfruto, por lo que sigo asistiendo".

"Yo trabajo este programa un día a la vez y estoy comprometido a mi recuperación. No creo que realmente 'necesito' las reuniones para no fumar, pero las necesito para permanecer en contacto con mis sentimientos. No tengo otro lugar para hacerlo. También asisto a las reuniones para llevar el mensaje porque estoy agradecida que ya no fumo".

"No me preocupa por cuánto tiempo voy a necesitar las reuniones, pero sí me preocupa mantener mi reunión local abierto y activo durante mucho tiempo".

"Mientras yo las considere un lugar valioso para recibir y compartir la recuperación".

"De por vida".

"Voy a necesitar las reuniones mientras deseo permanecer libre de la nicotina".

103. Si usted se mudara a un lugar sin una reunión de Nicotina Anónimos, ¿iniciaría una?

"Sí, para continuar tanto mi conexión a la comunidad y mi viaje espiritual".

"No en este momento de mi vida, pero posiblemente si sintiera la necesidad de volver a fumar".

104. ¿Cómo es usted ahora?

"Soy mucho más paciente con los demás. Veo que cada uno de nosotros estamos haciendo lo mejor que podemos en cualquier momento dado. También soy mucho más disciplinado (y trabajando en ello) y me oriento más a objetivos. Tengo una actitud positiva la mayor parte del tiempo y antes solía ser negativo y cínico. He aprendido que tengo acceso al poder que necesito".

"Mi autoestima está mucho mejor, y la esperanza es una realidad en mi vida".

"Más en paz, feliz, más sano".

"Me llevo mejor con la gente. Dicen que soy mucho más tranquilo".

"Mirando hacia atrás, creo que empecé realmente a vivir una vida plena después de dejar de fumar. Me dió confianza para probar muchas otras cosas. Me volví más activa y energética, pero más tranquila y serena. ¡Es una libertad increíble!"

"Feliz por ya no tener la parafernalia de fumar a mi alrededor. Por no ser esclava de los cigarrillos. Por no sentirme culpable".

"Puedo estar allí para otros que buscan desengancharse de la adicción a la nicotina. Fue lo más difícil que he hecho en mi vida".

"Sin duda me siento más unido al Creador. Me gustó el cuestionario".

"Como están las cosas ahora, eso es lo importante. Me siento mucho mejor, desde la primera hora de la mañana, durante todo el día. No me molestan tanto las pequeñeces, y se me hace que me río de los otros que sí".

"Todavía considero que el haberme liberado de la nicotina es un milagro. Estoy tan agradecido por Nicotina Anónimos y no creo que podría haberlo hecho sin ellos".

Parte III

Los Doce Pasos de Nicotina Anónimos

1. Admitimos que éramos impotentes ante la nicotina, que nuestras vidas se habían vuelto ingobernables.

2. Llegamos al convencimiento de que un Poder Superior podrá devolvernos el sano juicio.

3. Decidimos poner nuestras voluntades y nuestras vidas al cuidado de Dios, como nosotros lo concebimos.

4. Sin miedo, hicimos un minucioso inventario moral de nosotros mismos.

5. Admitimos ante Dios, ante nosotros mismos, y ante otro ser humano, la naturaleza exacta de nuestros defectos.

6. Estuvimos enteramente dispuestos a dejar que Dios nos liberase de todos estos defectos de carácter.

7. Humildemente le pedimos que nos liberase de nuestros defectos.

8. Hicimos una lista de todas aquellas personas a quienes habíamos ofendido y estuvimos dispuestos a reparar el daño que les causamos.

9. Reparamos directamente a cuantos nos fue posible el daño causado, excepto cuando el hacerlo implicaba perjuicio para ellos o para otros.

10. Continuamos haciendo nuestro inventario personal y cuando nos equivocábamos, lo admitíamos inmediatamente.

11. Buscamos, a través de la oración y la meditación, mejorar nuestro contacto consciente con Dios, como nosotros lo concebimos, pidiéndole solamente que nos dejase conocer su voluntad para con nosotros y nos diese la fortaleza para cumplirla.

12. Habiendo obtenido un despertar espiritual como resultado de estos Pasos, tratamos de llevar este mensaje a otros usuarios de la nicotina, y de practicar estos principios en todos nuestros asuntos.

Los Doce Pasos reimpresos y adaptados aquí con el permiso de *Alcoholics Anonymous World Service. Inc.* La autorización para reimprimir y adaptar los Doce Pasos no implica que AA está afiliado con este programa. AA es un programa dirigido a la recuperación del alcoholismo—el uso de los Doce Pasos en relación con programas y actividades que asemejan el concepto de AA pero que se dirigen a otros problemas no infiere lo contrario.

Los Doce Pasos se Alcohólicos Anónimos

1. Admitimos que éramos impotentes ante el alcohol y que nuestras vidas se habían vuelto ingobernables.
2. Llegamos al convencimiento de que un Poder Superior a nosotros mismos podría devolvernos el sano juicio.
3. Decidimos poner nuestra voluntad y nuestras vidas al cuidado de Dios, como nosotros lo concebimos.
4. Sin miedo hicimos un minucioso inventario moral de nosotros mismos.
5. Admitimos ante Dios, ante nosotros mismos y ante otro ser humano, la naturaleza exacta de nuestras faltas.
6. Estuvimos enteramente dispuestos a dejar que Dios nos liberase de todos nuestros defectos de carácter.
7. Humildemente le pedimos que nos liberase de nuestros defectos.
8. Hicimos una lista de todas las personas a quienes habíamos ofendido y estuvimos dispuestos a reparar el daño que les causamos.
9. Reparamos directamente a cuantos nos fue posible el daño causado, excepto cuando al hacerlo implicaba prejuicio para ellos o para otros.
10. Continuamos haciendo nuestro inventario personal y cuando nos equivocábamos, lo admitíamos inmediatamente.
11. Buscamos a través de la oración y meditación mejorar nuestro contacto consciente con Dios, como nosotros lo concebimos, pidiéndole solamente que nos dejase conocer su voluntad para con nosotros y nos diese la fortaleza para cumplirla.
12. Habiendo obtenido un despertar espiritual como resultado de estos pasos, tratamos de llevar este mensaje a los alcohólicos, y de practicar estos principios en todos nuestros asuntos.

PRIMER PASO

Admitimos que éramos impotentes ante la nicotina, que nuestras vidas se habían vuelto ingobernables.

El Primer Paso no era un ejercicio intelectual. Era un sentimiento en nuestros huesos, en nuestros corazones y en nuestros estómagos. Era angustiante reconocer que éramos adictos a una droga. Por primera vez, estuvimos dispuestos a renunciar a cualquier idea de controlar el uso de la nicotina. Examinamos de manera realista el poder que la nicotina tenía sobre nosotros y vimos que ese control era absoluto.

Era muy difícil admitir cualquier cosa acerca de nosotros mismos, mucho menos que éramos impotentes ante la nicotina. Fumábamos y nos encantaba fumar por muchas razones, porque nos hacía ver sofisticados, nos hacía sentir bien, reducía el estrés, nos ayudaba a concentrarnos, tenía un efecto tranquilizador, etcétera. Pero por una u otra razón, la nicotina eventualmente dejó de funcionar: temores por la salud personal, sentimientos de odio a sí mismo, culpa, presión de los amigos. La vida como fumador se volvió insoportable. Comenzamos a pensar en dejarlo.

Desesperadamente, intentamos modificar nuestro consumo de la nicotina, no usándola en el trabajo, en la habitación o frente a los niños, sentándonos solamente en una silla particular mientras fumábamos, o solo cuando estábamos en exteriores. Cambiamos de marcas, usamos boquillas para reducir el alquitrán, fumábamos sólo "cigarrillos naturales", fumábamos solo a ciertas horas del día, con cierta gente, en eventos especiales. Luego comenzamos a consultar a los expertos. Buscamos ayuda de médicos, hipnoterapeutas, psiquiatras, acupunturistas, libros de auto-ayuda e incontables programas para dejar de fumar. Algunas veces fuimos capaces de dejar de fumar, pero no podiamos evitar recaer. Nada funcionaba.

Profundamente desmoralizados, recurrimos a Nicotina Anónimos como otra posible solución. Para nuestra gran sorpresa, encontramos personas que no estaban usando la nicotina porque habían admitido que no podían dejar de fumar. Ellos aceptaron su falta de control absoluta sobre la nicotina, y nos ofrecieron apoyo invitándonos a unirnos a ellos y hacer lo mismo. Había apoyo del grupo; y como sugiere el uso del pronombre "nosotros" a través de los Pasos, el proceso de recuperación de la adicción a la nicotina no era, y no es, un viaje que uno realiza sólo.

Nos dimos cuenta que éramos verdaderos adictos y que usábamos nicotina por la misma razón que los alcohólicos beben— porque no podíamos dejar de hacerlo. Si nos dejaran actuar por nuestra cuenta, seguiríamos fumando, destruyendo nuestros cuerpos, suprimiendo nuestros sentimientos y alienando a nuestras familias, amantes y amigos.

Unirnos a Nicotina Anónimos implicó el reconocimiento de que no podíamos resolver nuestro problema con la nicotina nosotros solos. Después de incontables intentos por controlar nuestro "hábito", era casi un alivio desistir y buscar ayuda. Aprendimos cómo darle vuelta a la situación, rendirnos y admitir nuestra impotencia. Aceptamos nuestra falta de control total sobre la nicotina.

Nos dimos cuenta que usar la nicotina era más que sólo un mal hábito; más bien, era un síntoma de que nuestras vidas estaban fuera de control e ingobernables. Los aspectos destructivos de nuestra adicción fueron mucho más allá del daño obvio que le hicimos a nuestros cuerpos. Entre más examinábamos el papel que jugaba la nicotina en nuestras vidas, más nos dábamos cuenta cuánto nos controlaba. La nicotina determinaba cuándo tomaríamos descansos, dónde comeríamos, quiénes eran nuestros amigos, amantes y socios, cómo pasábamos nuestro tiempo libre. Nunca fuimos a algún lado o hicimos algo sin revisar primero nuestras provisiones. Sin embargo, nos esforzábamos mucho por esconder nuestra adicción de otros, y de nosotros mismos. Usábamos enjuague bucal, aromatizante para cuartos, máquinas come-humo, por citar unos cuantos. Muchos de nosotros comenzamos a escondernos cuando fumábamos, evitando la presencia de amigos y seres queridos, o fumando un cigarro a escondidas en el baño en el trabajo. No había forma de escondernos, y cada intento era una mentira. Nuestras vidas eran mentiras. Estaban fuera de control, ingobernables.

Entender y experimentar ambas partes del Primer Paso, que somos impotentes sobre la nicotina y que nuestras vidas se habían vuelto ingobernables era el inicio. Estábamos listos para dar el Segundo Paso.

SEGUNDO PASO

Llegamos al convencimiento de que un Poder Superior podrá devolvernos el sano juicio.

En el Primer Paso, admitimos nuestra impotencia. Para algunos de nosotros, esta era una admisión devastadora. Reflexionamos sobre nuestros años de adicción a la nicotina y en todos nuestros intentos por dejar de fumar. Todo intento había fracasado. Nos dimos cuenta que no podíamos dejarlo. No ayudó la auto-recriminación, ni la fuerza de voluntad, ni el análisis de nuestra situación. Nos sentíamos como fracasados. Preguntábamos, ¿Por qué no podemos dejar de fumar cuando todos los demás sí pueden?

Ahora en el Segundo Paso comenzamos a encontrar las respuestas a nuestras preguntas. Habiendo admitido nuestra propia impotencia, comenzamos a abrirnos para encontrar una fuente de poder mayor que nosotros mismos, mayor que nuestra adicción. De la desesperación, y sin entender porqué, llegó el conocimiento de una alternativa. Aceptamos la posibilidad de la esperanza.

Aquellos de nosotros que teníamos una conexión espiritual positiva nos dirigimos a Dios, tal como lo concebimos, como la alternativa, como la fuente de esperanza. Para quienes habíamos desarrollado una actitud escéptica acerca de la religión, llegar a creer en un Poder Superior no era una tarea sencilla. Encontramos que nuestra concepción original de un Poder Superior a nosotros mismos nos había fallado. Nos rebelamos contra los intentos por convencernos de ideas fijas acerca de Dios. Nos resistíamos a participar en una fe incuestionable.

Reconociendo nuestro escepticismo, aprendimos que no teníamos que tener una definición de Dios o de un Poder superior a nosotros. Podíamos sólo actuar como si creyéramos, confiando cuando no sabíamos o no entendíamos. "Llegar a creer" era un proceso. No tenía nada que ver con la lógica, la razón, la certeza o entender las cosas. Más bien, tenía que ver con nuestras propias convicciones personales, con una mente abierta, flexibilidad y una disposición a permitir que algo bueno nos sucediera.

Con nuestra franqueza, examinamos la frase "devolvernos el sano juicio". Siempre nos habíamos considerado como bastante cuerdos. Pero, ¿cómo podíamos haber pensado eso, cuando 20, 40,

60 o más veces al día, continuábamos fumando cuando sabíamos que nos estaba matando?

Al principio, la noción de la locura parecía dramática, especialmente al aplicarla a nosotros mismos. Escuchábamos en las reuniones las historias de los demás. Escuchar sus cuentos de peligrosas salidas en busca de cigarrillos a medianoche, de sacar colillas de las cunetas, botes de basura y ceniceros públicos, y de fumar a través de tubos de traqueotomía, nos hizo recordar una conducta similar nuestra. Vimos nuestra propia locura, repitiendo las mismas acciones una y otra vez, esperando que los resultados fueran diferentes.

Admitir nuestra locura alrededor de la nicotina nos habría dejado en desesperanza si nuestra única solución hubiera sido nuestra propia fuerza de voluntad. Actuando por nuestra cuenta, no había salida. Alguien, algo, algún *Poder*, tenía que ayudarnos.

Vimos el éxito de los demás, y escuchábamos cuando ellos sugerían que suspendiéramos nuestro pensamiento racional y que le diéramos a este otro Poder una oportunidad de trabajar en nuestras vidas. A medida que comenzábamos a escuchar lo que decían, había un sentido de esperanza. Después de todo, no estábamos solos. Este Poder y nuestra conexión con éste, y con otra gente, era la puerta a una vida libre de nicotina.

TERCER PASO

Decidimos poner nuestras voluntades y nuestras vidas al cuidado de Dios, *como nosotros lo concebimos.*

En el Primero y Segundo Paso, aceptamos nuestra impotencia personal, la ingobernabilidad de nuestras vidas, la necesidad de fe en un Poder Superior a nosotros mismos, y la realidad de nuestras propias acciones insensatas.

Nuestra adicción continuaba luchando por su vida. Los deseos irresistibles todavía nos poseían, y estábamos sintiendo una increíble variedad de sentimientos incómodos y horribles: ira, rabia, vergüenza, ansias, odio hacia nosotros mismos y desesperanza. Perdimos a nuestro mejor amigo. Estábamos solos, enfrentando el resto de nuestras vidas sin nuestra droga.

Ahora llegamos a un Paso que nos sugirió que tomáramos una decisión. Necesitábamos decidir que ya no estábamos a cargo y que necesitábamos ayuda. Esta decisión contradijo enormemente lo que nos habían enseñado. ¿Cuántas veces hemos escuchado que debemos usar la fuerza de voluntad para alejarnos del asqueroso hábito de fumar? Desde la infancia, nos enseñaron a depender de nosotros mismos. Aprendimos que nadie lo haría por nosotros. Sabíamos que si queríamos que se hiciera bien deberíamos hacerlo nosotros mismos.

Desafortunadamente, depender en nosotros mismos demostró ser ineficaz al lidiar con nuestra adicción a la nicotina. Esto no nos impidió fumar. Se nos hacía extremadamente difícil pedir ayuda. Asociábamos la ayuda con dependencia y debilidad. No estábamos interesados en que nos dijeran cómo manejar nuestras vidas.

Poco a poco, en reuniones, al escuchar a otros o al leer la literatura, comenzamos a ver que lo que habíamos orgullosamente considerado como confianza en uno mismo era realmente arrogancia, rebeldía, obstinación y negación. También pudimos ver que realmente estas actitudes eran malsanas para nosotros. Con esta conciencia, vimos que pedir ayuda era un acto de fortaleza, no de debilidad. Entendimos que siendo humildes, podíamos permitir que algo amable y poderoso nos ayudara. Necesitábamos este entendimiento para decidir pedir la ayuda que tan desesperadamente necesitábamos.

Nos rendimos. A través de la entrega vino la disposición de intentar cualquier cosa, incluyendo permitirnos ser ayudados por algo bueno y maravilloso. Como dijo Bill Wilson, quien escribió por primera vez acerca de estos Doce Pasos, "Todo nuestro problema había sido el mal uso de la fuerza de voluntad. Habíamos tratado de atacar nuestros problemas con ella en lugar de intentar hacerla coincidir con el designio de Dios para nosotros".

Nuestro objetivo era hacer contacto con un Poder Superior, uno que nos ayudaría a cambiar y cambiaría nuestras vidas. Encontramos que a medida que hicimos este contacto, pudimos tomar una decisión para entregar nuestras voluntades y nuestras vidas al cuidado de nuestro propio Dios. Encontramos apoyo. Descubrimos un nuevo sentido de bienestar del cuerpo, emoción y espíritu.

Descubrimos que al mantenernos cerca de nuestro Poder Superior, experimentamos el Tercer Paso en acción. Nos interesamos cada vez menos en nosotros mismos, nuestros pequeños planes y designios. Nos interesamos cada vez más en ver qué podríamos contribuir a la vida, dejando que nuestro Poder Superior ayudara a cuidarnos. A medida que sentíamos que fluía el nuevo Poder, disfrutábamos de tranquilidad de espíritu, descubríamos que podíamos enfrentarnos a la vida exitosamente, sentíamos nuestro Poder Superior, y comenzábamos a perder nuestro temor del ayer, del hoy y del mañana. Buscábamos liberarnos de la obstinación y del ego además de la sabiduría para reconocer la voluntad de nuestro Poder Superior para nosotros. Hacíamos esto de muchas maneras, incluso repitiendo lo siguiente:

"ORACIÓN DEL TERCER PASO"

Libérame de la esclavitud del egoísmo.

Ayúdame a entregarme al espíritu.

Muéveme a hacer el bien en este mundo y mostrar bondad.

Ayúdame hoy a superar y evitar la ira, el resentimiento, la envidia, y cualquier otro tipo de pensamiento negativo.

Ayúdame a ayudar a aquéllos que sufren.

Mantenme alerta con valor para enfrentar la vida y no apartarme de ésta, no aislarme de todo el dolor y por ende aislarme también del amor.

Libérame de la fantasía y del temor. Inspira y dirige mi pensamiento hoy; permite que esté separado de la autocompasión, deshonestidad y motivos egoístas.

Muéstrame el camino de la paciencia, la tolerancia, la bondad y el amor.

Rezo por todos aquéllos con los que he sido cruel, y te pido que les concedas la misma paz que yo busco.

A través de la confianza en nuestro Poder Superior, encontramos que fuimos cuidados en formas sorprendentes y sencillas. Esto nos dió confianza y una creciente fe. Nuestra victoria sobre nuestras propias dificultades nos animó a continuar, y también a convertirnos en un ejemplo para los demás.

CUARTO PASO

Sin miedo, hicimos un minucioso inventario moral de nosotros mismos.

La palabra "inventario" viene de una palabra latín que significa encontrar o descubrir. Entre las definiciones de "moral" hay una que significa distinguir entre conducta correcta e incorrecta. Estas definiciones literales fueron buenas guías para tomar en cuenta al trabajar el Cuarto Paso. Mirándonos en el espejo, tratamos de descubrir cuáles comportamientos y actitudes funcionaban y cuáles no funcionaban en la manera en que llevábamos nuestras vidas.

El Cuarto Paso era un vistazo atrevido en el espejo, escribiendo lo que viéramos. El objetivo del ejercicio era permitirnos reconocer y revisar el caos de nuestras vidas. Al hacer un inventario, obtuvimos una clara imagen de la desorganización e ingobernabilidad que nos había tenido cautivos en nuestra adicción.

Nuestro inventario también incluía nuestras buenas cualidades, nuestros atractivos, los cuales, cuando dejamos por primera vez de usar la nicotina, casi eran imposibles de ver. Como aspecto del cuidado personal, fue importante reconocer estos atractivos como fuerzas de apoyo. Estas fuerzas a menudo fueron provechosas al ocuparnos con comportamientos y actitudes que teníamos que cambiar o mejorar.   Estas definiciones literales eran buenos lineamientos para tener presentes mientras trabajamos el Cuarto Paso. Viendo en el espejo, intentábamos descubrir qué conductas y actitudes funcionaban y qué no en la forma en que llevábamos nuestra vida.

De acuerdo al lenguaje del Cuarto Paso, nuestro inventario moral se tenía que hacer "sin temor". Sin embargo, la mayoría de nosotros teníamos miedo cuando nos paramos en el umbral de este Paso, debido al negativismo que llenaba nuestras vidas. Estábamos profundamente asustados de echar la mirada dura sobre nosotros mismos que el Cuarto Paso requería. Nos creíamos malas personas, fracasados e impostores, y realmente no queríamos enfrentar todo eso.

Pero estábamos en vías de terminar con esas ideas auto-destructivas. Reflexionando de nuevo en el Primero, Segundo y Tercer Paso, nos dimos cuenta que teníamos la energía positiva y la guía de un Poder Superior para ayudarnos a echar una mirada dura sobre nosotros. Recordamos que ya no estábamos solos.

Escuchamos a otros en Nicotina Anónimos compartiendo sus experiencias con el Cuarto Paso, y nos enteramos que descubrieron que no eran tan despreciables como temían. Confiando en la experiencia de los demás, y con la ayuda de nuestro Poder Superior, encontramos el valor para hacer un inventario honesto de nosotros mismos. Nos atrevimos a rendirnos ante nuestro Poder Superior y nos dejamos guiar a través del Cuarto Paso.

El Cuarto Paso nos dice que el inventario moral debe ser "minucioso". Esto significa detallado. No había un dispositivo de medición mágico que nos pudiera decir cuánto, qué tan profundo, para cuánto tiempo íbamos a examinarnos. Pero el recuento sería minucioso, lo mejor que pudiéramos en ese momento.'

No existía un buen inventario o un mal inventario; había sólo el mejor inventario posible que pudiéramos hacer. El mejor posible era el que pudiera hacerse con total honestidad, humildad, franqueza, entrega y voluntad. Debía ser sencillo y minucioso. Lo importante era hacerlo.

Muchos de nosotros experimentamos algo de dolor al hacer nuestro inventario del Cuarto Paso. Pero era importante recordar que el objetivo del inventario no era causar dolor. Más bien, estábamos intentando entender cómo habíamos estado viviendo nuestras vidas. Queríamos listar qué nos funcionó y qué no, de modo que pudiéramos identificar y detener los patrones inútiles de nuestro pasado.

Queríamos saber cómo nos habíamos quedado atrapados en nuestro pasado de modo que pudiéramos encontrar nuestra salida de esa trampa, para que pudiéramos liberarnos de nuestro yo anterior y de la nicotina. Estábamos liberándonos del ayer de manera que pudiéramos vivir el hoy, cada día, un día a la vez.

Al igual que no hay una definición correcta de un "buen" inventario, tampoco existe una manera totalmente "correcta" de hacerlo. Encontramos que escribirlo era básico y necesario. Poner por escrito nuestro inventario lo hacía más real y más fácil de asegurar que habíamos sido tan minuciosos y valientes como nos era posible. Todo lo que nos venía a la mente lo escribíamos. El objetivo era la minuciosidad. No había nada que no perteneciera a la lista. Era fácil. Si se nos venía a la mente, iba a la lista.

Una manera de comenzar era responder a las preguntas en el Cuestionario de Nicotina Anónimos que aparece en la Parte II de estos materiales. El Cuestionario nos dió una buena idea de qué era lo que intentábamos conseguir de la nicotina. Aparecían patrones en las respuestas. Las ideas surgían. Los analizamos con más detalle.

Otra opción es utilizar la sección del Cuarto Paso en el *Step Study Workbook*. Un miembro (frecuentemente con la ayuda de su patrocinador) lee el texto y discuten las preguntas. Algunos miembros quizás quieran utilizar el Workbook entero como su enfoque "minucioso y sin temor" al Cuarto Paso.

Un tercer enfoque era pensar en las cosas que nos hacían sentir bien y en las que nos hacían sentir mal en el pasado, y cómo nos sentíamos mientras escribíamos. Las escribíamos y nos hacíamos preguntas como éstas:

- ¿Por qué me siento de esa forma?
- ¿Quién más fue afectado por esto?
- ¿Es esto parte de un patrón?
- ¿Soy responsable de lo que pasó en ese entonces?
- ¿Lo sigo repitiendo? ¿Cómo?

Apuntamos todas las cosas que nos hacían sentir mal. Las analizamos: de dónde provenían, qué nos causaron, por qué seguimos dependiendo de ellas, cómo afectaron a aquéllos a nuestro alrededor. Pedimos ayuda a nuestro Poder Superior para realmente mirar en el espejo y confrontarlas.

Hicimos lo mismo con las cosas que nos hacían sentir bien, empezando con lo que ya habíamos logrado. Nos mantenemos limpios; ya no estábamos usando la nicotina. Seguimos pensando en los positivos. Permitimos que un Poder Superior nos guiara para explorarlos lo más que pudimos.

Otros encontraron que un tercer enfoque para el inventario era comenzar con listas de personas, instituciones, principios o eventos que tuvieron un papel importante en nuestras vidas. Luego exploramos cuál había sido su influencia o efecto en nosotros.

Ese proceso de exploración involucraba examinar las personas y los eventos que llevaban a temores, resentimientos, odio a sí mismo en el pasado, o a nuestra permanencia en situaciones mucho después de que habían dejado de ser útiles. Buscamos qué o quién nos hizo sentir y pensar negativamente. Gran parte de esto sucedió en la etapa temprana de nuestra vida. Para muchos de nosotros, era importante volver al pasado tanto como pudiéramos recordar, aún si los detalles fueran confusos. Mucho de esto nos sorprendió. Algo de esto parecía pequeño e insignificante, pero si surgió, era importante y lo escribíamos. Cualquiera que fuera, avanzamos la causa de liberarnos de nuestro pasado al ponerlo en papel.

Para aquellos de nosotros que encontramos que era demasiado incierto hacer estas listas, fue más fácil un cuarto enfoque. Escribimos una historia personal totalmente honesta, que nos permitió ver cómo éramos guiados hacia nuestra adicción. A partir de nuestro entendimiento de lo que pasó, obtuvimos una mejor imagen de dónde, por qué y cómo fuimos dañados, y cómo ese daño influyó en nuestra conducta desde entonces.

No era necesario, o tal vez incluso imposible, entender a dónde nos estaba llevando la autobiografía mientras la escribíamos. En otras palabras, algunas veces no fue hasta que habíamos terminado de escribir nuestra propia historia de vida que pudimos regresar al inicio y ver los eventos individuales con una mayor perspectiva. Pero, con la ventaja de la imagen más grande, lo que antes parecía ser una tontería, de repente se convirtió en una parte importante de un patrón más grande y claro.

Muchos de nosotros que habíamos hecho un Cuarto Paso en otro programa de Doce Pasos nos dimos cuenta que era necesario repensar nuestros inventarios, dando especial atención al impacto único de la adicción a la nicotina en nuestras vidas. Por ejemplo, nos dimos cuenta que la nicotina bloqueaba nuestros sentimientos y nuestras interacciones con otros seres humanos y el mundo a nuestro alrededor. Si nos estábamos escondiendo detrás de nuestra cortina de humo o arrojando el humo sobre otros, nos debilitábamos en formas que parecían ser únicas o especialmente agravadas por la nicotina. Por lo tanto, nuestra recuperación de otras sustancias, así como de la nicotina, tuvo un aumento especial cuando reconsideramos nuestros inventarios anteriores.

El Cuarto Paso nos permitió vernos claramente y sin tanto juicio. La imagen que proporcionó nos ayudó a eliminar el temor de que descubriríamos que éramos realmente detestables. El Cuarto Paso nos permitió sentir que éramos personas comunes más conectadas con nosotros mismos y con los demás.

QUINTO PASO

Admitimos ante Dios, ante nosotros mismos, y ante otro ser humano, la naturaleza exacta de nuestros defectos.

Al hacer el inventario del Cuarto Paso, pusimos en una forma organizada todo el caos, la confusión y los problemas de nuestro pasado. Hicimos una extensa revisión de nuestra vida. ¿Y ahora qué?

El Quinto Paso consistía en deshacernos de lo viejo. Era la mayor limpieza de primavera de nuestra vida, y su objetivo era deshacernos de todas las telarañas, bolas de polvo y otros desperdicios y desechos que acumulamos durante el largo invierno de nuestra adicción. Era ubicarnos para reemplazar la vieja basura con pensamientos y maneras nuevas y positivas. Era liberarnos— liberarnos de lo que no había funcionado, liberarnos de lo que nos había atrapado tanto tiempo en las garras mortales de la nicotina. Era sacar la basura.

El éxito de limpiar la vieja basura en el Quinto Paso dependía de haberla sacado y apilado en el Cuarto Paso. Sin embargo, no era suficiente sólo haber escrito el inventario. Algunas de nuestras viejas cosas estaban en la lista, pero enterradas—barridas y escondidas debajo del tapete. Sabíamos que estaban ahí, pero esperábamos que nadie más las encontrara. No obstante, si realmente queríamos limpiar la casa, la vieja tierra no podría quedarse escondida debajo del tapete.

Por lo tanto, el objetivo del Quinto Paso era admitir lo que habíamos encontrado. Hasta puede que nos dimos cuenta que habíamos erróneamente negado o no reconocido algunos de nuestros buenos atributos. Hicimos una confesión privada. Para asegurarnos de que no estábamos haciendo trampa, también admitimos todo ante nuestro Poder Superior. Lo importante no era que un Dios más sabio ya lo sabía, sino nuestro acto de admisión y humildad.

El Quinto Paso también nos requirió compartir nuestro inventario con otro ser humano. Para muchos de nosotros, esto fue aún más aterrador que la admisión ante nuestro Poder Superior. Admitir todos los detalles de nuestros tormentos pasados a otra persona era tan concreto, tan real y tan humillante. Requería tragarnos nuestro orgullo.

La humildad era la parte central del Quinto Paso. Se trataba de convertirse en una persona humilde. El Quinto Paso se trataba de concientizarnos de nuestros defectos, ser modestos, y no orgullosos o arrogantes. Se trataba de no aparentar, y no huir y escondernos más. Se trataba de volvernos reales y muy humanos.

El Quinto Paso consistió en compartir detalles personales íntimos con una persona de confianza y volvernos humildes en el proceso. Nos achicamos hasta la médula y a lo que realmente éramos. Al compartir nuestros más profundos secretos con otra persona, nos abrimos. Así, logramos que fuera posible ser sanados de nuestra adicción a la nicotina.

Volvernos honestos era una manera de liberarnos para ser quienes éramos realmente. Nos desnudamos y nos paramos en toda nuestra gloria desnuda sin ninguno de los disfraces que nos habían escondido cuando éramos adictos a la nicotina. Cuando admitimos a nosotros mismos, a nuestro Poder Superior, y a otro ser humano quiénes éramos, nos liberamos de nuestros sufrimientos pasados y nos liberamos para amarnos a nosotros mismos y para dejar de intentar destruirnos.

Fuimos muy cuidadosos en seleccionar a la otra persona que elegimos para abrirnos durante el Quinto Paso. El objeto de la experiencia era la franqueza y honestidad, la confianza y apertura. La otra persona tenía que ser alguien que nos permitiera sentirnos tan absolutamente libres y abiertos como fuera posible. Para algunos de nosotros, era nuestro patrocinador u otra persona de Nicotina Anónimos. Para otros, era un sacerdote, un psicólogo o un amigo. Quien quiera que hayamos elegido, era alguien que pensábamos nos permitiría ser totalmente honestos y abiertos.

Conforme compartíamos francamente nuestros secretos, descubrimos que no éramos tan terribles como imaginábamos. De algún modo, en el proceso de describir "lo peor que habíamos hecho", lo terrible de todo esto se disminuyó. Después de todo, las cosas más terribles no eran tan malas.

También descubrimos que todos nuestros temores, problemas y supuestas deficiencias no eran únicos. En el proceso de abrirnos, nuestros confidentes a menudo compartían con nosotros muchas de las mismas cosas que les estábamos contando. Descubrimos que nuestros problemas y tribulaciones solo eran parte de la condición humana. No éramos despreciables. Nos humillamos al reconocer que éramos normales—y solo muy humanos.

Quinto Paso. Limpiando nuestras vidas. Con agradecimiento dejar ir el pasado para prepararnos para el presente. Podemos tener una nueva conciencia espiritual de nuestra participación en la raza humana y permitir que eso sea bastante bien.

SEXTO PASO

Estuvimos enteramente dispuestos a dejar que Dios nos liberase de todos estos defectos de carácter.

Antes de comenzar el Sexto Paso, muchos de nosotros pensamos que sería útil meditar y considerar nuestro trabajo hasta ahora. Si habíamos sido minuciosos, habíamos trabajado bastante, a veces fue trabajo muy difícil.

En nuestra meditación, reflexionamos sobre los primeros tres Pasos. Otra vez, aceptamos nuestra impotencia, reiteramos nuestra fe, y nos volvimos a comprometer con nuestra decisión de entregarnos al cuidado de nuestro Poder Superior. Nos dimos cuenta que habíamos profundizado nuestro entendimiento del proceso de recuperación. Después de concluir que el examen de nuestras vidas en el Cuarto y Quinto Paso era lo más completo que fuimos capaces de hacer, estábamos listos para realizar el Sexto Paso.

El Sexto Paso es un Paso de transición. Es donde realmente comenzamos a cambiar. Necesitábamos considerar qué significaba ese cambio para nosotros. A través del Cuarto y Quinto Paso llegamos a conocernos más profundamente que nunca. Nos enfrentamos con lo que nos había funcionado y con lo que no, así como con nuestros rasgos de carácter efectivos e inefectivos. Llegamos a entender que había razones para nuestra conducta. En el Sexto Paso examinamos las razones y la motivación tras nuestra conducta. Con este conocimiento adicional, comenzamos a considerar maneras más saludables de satisfacer nuestras necesidades. En otras palabras, estábamos listos para que Dios nos liberase de nuestros defectos, o rasgos de carácter ineficaces.

Vimos que cada uno de nuestros defectos de carácter tenía dos aspectos. Cada uno tenía el potencial de dañarnos, como vimos en el Cuarto Paso, pero también podía darnos placer, o un sentido de aceptación, o tal vez el medio de evitar el estrés, el miedo o el dolor. Ahora, aprendimos cómo incorporar el placer en nuestras vidas de formas más saludables. Llegamos a ver cómo nuestra necesidad de aceptación podía satisfacerse sin dañarnos. Nos dimos cuenta que, una vez reconocido y aceptado, el estrés y el temor podían ser disminuidos en gran parte. Nuestra fe recientemente encontrada no se deshizo del dolor por medio de explicaciones, el cual aceptamos como una parte integral de la vida, sino que nos dió el valor para enfrentarlo, y sentirlo, en lugar de usar la nicotina para obstruirlo o evitarlo.

Al trabajar el Sexto Paso, encontramos que fue útil reconocer los beneficios y castigos que obteníamos al exteriorizar nuestros defectos de carácter. Empezamos a entender por qué hacíamos ciertas cosas, y qué era lo que estábamos tratando de obtener del proceso. Aprendimos a reconocer que, en el proceso, también obtuvimos cosas que no queríamos.

Por ejemplo, nos dimos cuenta de que nuestro enfoque hacia la vida demasiado crítico funcionaba como una manera de aumentar nuestro propio sentido de autoestima y nos ayudaba a cubrir nuestros sentimientos de insuficiencia o temor. Al mismo tiempo, llegamos a entender que este enfoque nos mantenía separados de aquellos a quienes estábamos juzgando. Esto nos encerraba en un falso sentido de superioridad. Nos privaba de la honestidad en las relaciones con los demás.

Una vez que entendimos lo que realmente estábamos intentando lograr, desarrollamos nuevos métodos para obtener los mismos resultados en formas que no fueran auto-destructivas. En nuestra búsqueda de la auténtica autoestima, reconocimos nuestros propios atributos positivos y los ampliamos. Ya no nos preocupaba cómo nos percibían los demás. Nos negamos a permitir que nuestra autoestima la determinaran las opiniones de otros.

En nuestro intento por manejar nuestros sentimientos de insuficiencia y temor, llegamos a darnos cuenta de que eran sentimientos humanos normales. Entendimos y aceptamos nuestras limitaciones. A veces no éramos lo suficientemente mayores. A veces no éramos lo suficientemente jóvenes. No éramos superhombres o supermujeres. No podíamos hacerlo todo. Además, vivimos en un mundo que a veces es peligroso y el temor es una emoción legítima.

Una vez que nos dimos cuenta que estos sentimientos eran aceptables, nos enfocamos en ellos de una manera diferente. Examinamos lo que nos hacía sentir inadecuados. Aprendimos qué era lo que nos asustaba. Armados con la información que estos esfuerzos brindaron, y con la ayuda de nuestro Poder Superior, pudimos prepararnos para situaciones en nuevas maneras que reducían o eliminaban los sentimientos de insuficiencia y temor.

Cuando llegamos a entender el concepto de estar "listos" a que nos liberase de nuestros defectos de carácter, pudimos considerar estar "enteramente" listos. Estuvimos dispuestos a dejarnos llevar y cambiar. La idea de "enteramente" era un objetivo que intentábamos conseguir.

Nos confortaba la idea de que buscábamos el progreso y no la perfección. Pensamos de nuevo en el Tercer Paso cuando decidimos entregar nuestras voluntades y nuestras vidas al cuidado de Dios, como sea que lo concibiéramos. Confirmamos que nos referíamos a nuestra *total* voluntad y nuestra vida *entera*.

En el Sexto Paso pasamos de un período de nuestra vida a otro. Nos enteramos de la diferencia entre aferrarnos al pasado y dejarlo ir. Comenzamos a aprender a dejar de vivir en el dolor del ayer y comenzar a vivir en el placer del hoy. Ahora estábamos verdaderamente listos, con la conciencia clara, de pedirle ayuda a nuestro Poder Superior.

SÉPTIMO PASO

Humildemente le pedimos que nos liberase de nuestros defectos.

En medio de los Doce Pasos, después del alivio de admitir nuestra impotencia sobre la nicotina y hacer un minucioso inventario moral, nos ponemos en la línea y le pedimos a Dios que nos libere de nuestros defectos. Le pedimos a nuestro Poder Superior que retire los bloqueos que hemos construido que nos mantienen infelices, temerosos e incapaces de vivir la vida sin nuestra droga, la nicotina.

El Paso en sí mismo requería sólo que humildemente le pidiéramos a Dios que nos liberase de nuestros defectos. Vamos a pensar primero en la palabra "humildemente". A algunos nos desconcertó esta palabra porque es tan parecida a las palabras "humillar" y "humillación". Estas palabras nos parecían demasiado negativas. Llegamos a entender que la palabra "humildemente" no significaba que nos desvaloráramos. Lo que significaba era ver nuestro propio lugar en el gran esquema de las cosas. Reconocimos a nuestro Poder Superior como una entidad superior, más completa y más incluyente que nosotros mismos. Vimos que nuestro Poder Superior era más, y que nosotros éramos menos. Pero nosotros no éramos menos en un sentido malo o peyorativo. Éramos menos respecto a nuestro Poder Superior. Este es el entendimiento correcto de la humildad. Es la aceptación de nuestras limitaciones muy reales y muy humanas.

Aceptar nuestra absoluta humanidad y nuestras limitaciones humanas es diferente a reconocer nuestros defectos, lo que habíamos hecho en el Cuarto Paso. Conforme progresamos del Cuarto Paso al Sexto Paso identificamos, admitimos, consideramos y comenzamos a separarnos psicológicamente de estos defectos. Los llamamos "inventario" en el Cuarto Paso, "defectos" en el Quinto Paso, y "defectos de carácter" en el Sexto Paso. Cualquiera que sea la etiqueta para estos patrones de conducta inefectivos, nos dimos cuenta que nuestra adicción en sí misma era el principal ejemplo. También nos dimos cuenta de que la culpa y la vergüenza que sentíamos respecto a nuestros defectos eran parte de la razón por la que usábamos la nicotina. Conforme aceptamos estos defectos como fallas humanas normales, nuestras respuestas extremas a los instintos básicos, reconocimos nuestra imperfección. Nos damos cuenta que nuestros patrones de conducta anteriores no habían funcionado para nosotros o para los demás. Vemos que han hecho nuestras vidas ingobernables.

Reflexionando de nuevo sobre el Segundo Paso, llegamos a creer que un Poder superior a nosotros mismos podrá devolvernos el sano juicio. Aquí es donde le pedimos al Poder Superior que lo haga. Habiendo explorado varias alternativas para nuestros defectos, ahora estamos listos para realizar el Séptimo Paso.

Algunos de nosotros realizamos este Paso diciendo las siguientes palabras: *"Mi Poder Superior, me entrego a sus manos y humildemente pido que me liberase de mis defectos de carácter para que pueda ayudar a los demás. Favor de darme voluntad, valor, y fuerza para que por medio de mis acciones pueda reflejar su amor y sabiduría. Amén".*

Hemos descubierto que existen muchas maneras de realizar este Paso. Lo que funciona mejor para muchos de nosotros es rezar en voz alta en un lugar tranquilo donde podamos escuchar lo que estamos diciendo y reflexionar sobre esto conforme lo hablamos. En cama, al despertarnos y antes de levantarnos funciona bien. Arrodillados también funciona. Lo importante es decir nuestras palabras. Estas pueden formar la base de una valiosa meditación diaria solas, o junto con otras oraciones o afirmaciones.

Hemos encontrado que estas palabras pueden hacer más que iniciar un buen comienzo a nuestro día. Éstas pueden suavizar situaciones y sentimientos suficientemente para que olvidemos la urgencia de usar la nicotina. Cuando pensamos acerca de las muchas veces que nuestra decisión de no usar nicotina se ha derrumbado frente a situaciones difíciles y emociones intensas, reconocemos nuestras limitaciones. El Séptimo Paso refuerza nuestro sentido de impotencia y nuestra voluntad de pedir ayuda.

Pedir ayuda a menudo fue difícil para nosotros. Queríamos creer que éramos totalmente autosuficientes e independientes. Nuestra disposición de vernos necesitando ayuda, lo cual era una parte esencial del Primer Paso, nos dejó con un sentimiento de vacío. Fue cuando comenzamos a trabajar el Segundo Paso que entonces este vacío se llenó de fe en un Poder mayor a nosotros. Para nuestra gran sorpresa nos dimos cuenta que nuestra decisión de entregar nuestra voluntad, y nuestra disposición para pedir ayuda a un Poder Superior o incluso a nuestros congéneres, era una experiencia liberadora. No sólo retiró la presión irreal que nos habíamos puesto, sino que también comenzamos a avanzar. De hecho, nuestra misma definición de la palabra progreso comenzó a cambiar. Dejamos en las manos del Poder Superior retirar estos defectos. Aprendimos que depende del Poder Superior si serán retiradas y cuándo, y no de nosotros.

Conforme aumentamos contacto consciente con nuestro Poder Superior, también deseamos aumentar nuestro conocimiento de la voluntad del Poder Superior para nosotros. Tal vez de esta manera lleguemos a entender por qué nuestro Poder Superior nos deja la capacidad de comportarnos inefectivamente. Después de todo hemos tomado "la decisión de entregar nuestras voluntades y nuestras vidas al cuidado de de un Poder Superior, *según cada uno de nosotros lo concebimos*".

La nicotina es astuta, desconcertante, poderosa y paciente. Nunca estamos libres de nuestra adicción. Al trabajar el Séptimo Paso y recitar la oración del Séptimo Paso, le pedimos *voluntad, valor, y fuerza* a un Poder superior a nosotros para que por medio de nuestras acciones podamos reflejar *el amor y la sabiduría* de nuestro Poder Superior.

OCTAVO PASO

Hicimos una lista de todas aquellas personas a quienes habíamos ofendido y estuvimos dispuestos a reparar el daño que les causamos.

Continuamos el viaje hacia nuestro alivio de la adicción a la nicotina "un día a la vez" en el Octavo Paso al prepararnos para reparar el daño a todas las personas a quienes hemos ofendido y al estar dispuestos a hacerlo. El propósito de este Paso es conseguir liberarnos de la culpa del pasado relacionada con nuestras acciones e interacciones con los demás.

Definimos "daño" como cualquier forma de daño físico, mental, emocional o espiritual que nuestras acciones puedan haber causado a otros. Si conservamos nuestro inventario del Cuarto Paso, tal vez tengamos ya una lista de personas con quienes hemos tenido interacciones negativas. Muchos de nosotros usamos ésta como nuestro punto de partida para el Octavo Paso. Examinamos el ámbito entero de las relaciones personales y buscamos en nuestros recuerdos a la gente a quienes hemos ofendido. Entre más reciente y dañada la relación, más rápido surgió el recuerdo. Contemplamos nuestras vidas, pidiendo consejo y dirección de nuestro Poder Superior y apuntamos los nombres de estas personas.

Mientras preparábamos esta lista de reparaciones pendientes, el adicto adentro a veces intentaba colorear nuestro pensamiento con toda clase de racionalizaciones. Esto parecía suceder más si anticipábamos prematuramente las reparaciones reales del daño que se llevan a cabo en el Noveno Paso. El Octavo Paso sugiere que hagamos una lista y estemos dispuestos. No es el Paso para la reparación directa del daño. Permanecimos en el Octavo Paso y trabajamos el Noveno Paso en su propio turno.

Conforme veíamos la lista de personas a quienes se les debía reparaciones por daño, eliminamos de nuestras mentes las faltas, percibidas o reales, que otros quizás nos habían hecho. Nuestro propósito no era evaluar la conducta de los demás sino ver solamente nuestra parte de la interacción. Teníamos que tener en mente que estábamos aquí para limpiar los restos de nuestro pasado, no para responsabilizar a otros por sus maldades.

Algunos ejemplos de daños fueron relacionados directamente a nuestro uso de la nicotina, especialmente si habíamos sido inconsiderados o egoístas en nuestro comportamiento adictivo alrededor de la familia, amigos o compañeros de trabajo. Examinamos el impacto de nuestro humo de segunda mano o tabaco mascado en aquéllos que habían estado en nuestra presencia, recordando tanto a las personas que conocíamos y todos los extraños que se cruzaron en nuestro camino. También examinamos la contaminación que agregamos al medio ambiente con las colillas de cigarrillos o tabaco mascado que dejamos en las calles de la ciudad y en las veredas de las montañas. Examinamos el daño sutil que podríamos haber causado en nuestras relaciones por la forma en que habíamos usado los cigarrillos como una barrera contra la intimidad, creando una verdadera pantalla de humo para mantener una distancia emocional entre nosotros y los demás. Si nuestro uso de la nicotina en cualquier forma generó daño físico, como quemaduras de cigarrillos o manchas del tabaco mascado, listamos la restitución que se debía.

Luego anotamos el daño que causamos que no estaba relacionado directamente a nuestra adicción a la nicotina. Esto incluía a aquéllos que dañamos debido a nuestra ira, temores, orgullo y otros rasgos de personalidad que habíamos explorado en nuestro Cuarto Paso.

Para algunos era valioso colocar a nosotros mismos en nuestra lista de reparaciones de daño. Mucho del daño causado por el uso de nicotina y los defectos que acompañan a nuestra adicción, como aislamiento y baja autoestima, dañó más a nuestros propios cuerpos y vidas.

Nos dimos cuenta que progresamos muy poco en nuestra nueva manera de vivir hasta que retrocedimos e hicimos un examen preciso y despiadado de los restos de nuestro pasado. No pudimos desarrollar las mejores relaciones posibles con cada persona que conocimos hasta que nos sinceramos con nosotros mismos, con Dios, y con otro ser humano, y ahora—con la gente involucrada en nuestro camino destructor.

Había un largo período de reconstrucción por delante. Un gruñido o barboteo de remordimiento no iba a funcionar. Un patrocinador o amigo de confianza podría ayudarnos a lograr la objetividad en prepararnos para llegar a estas personas. No dudamos en buscar ayuda de nuestros miembros y le pedimos a nuestro Poder Superior la voluntad para proceder al Noveno Paso.

NOVENO PASO

Reparamos directamente a cuantos nos fue posible el daño causado, excepto cuando el hacerlo implicaba perjuicio para ellos o para otros.

El Octavo y el Noveno Paso fueron nuestro esfuerzo por armonizar con el mundo a nuestro alrededor. Llevamos a cabo la limpieza de casa que, hasta ahora, había sido esencialmente interna y reflexiva.

Hicimos reparaciones del daño, uno a la vez, con cuidado y compasión. Tomando un nombre de nuestra lista del Octavo Paso, reflexionamos sobre la naturaleza del daño causado a esa persona. Llegó el momento de intentar lo más que pudiéramos en ponernos en los zapatos de esa persona con respecto a nuestra interacción pasada con él o ella. ¿Cómo era ser el receptor de nuestra mala conducta? ¿Cómo cambió la manera de ver el mundo o la personalidad de esa persona como resultado de lo que habíamos hecho? ¿Nuestras acciones causaron que otra persona perdiera confianza en la gente en general? Nos preguntamos cómo podríamos haber tenido una influencia o impacto negativo en los demás.

Generalmente, esta reflexión fomentaba una disposición por arreglar las cosas. Viendo las cosas desde la perspectiva de otra persona evocaba una consciencia repentina e intranquila del dolor o decepción que nuestras acciones habían causado. Aunque estos sentimientos hicieron que nuestras enmiendas fueran sinceras, no podíamos permitir que resultaran en reflejos y remordimientos mórbidos. Eso nos mantendría alejados del camino de la acción positiva que es el enfoque de este Paso.

El mejor antídoto para la morbidez era una manera calmada y abierta y una actitud sincera. Pusimos nuestra conciencia recién encontrada de la naturaleza del daño causado en el pasado y, rezando que nos aconseje, le pedimos a nuestro Poder Superior la mejor forma de enmendar la herida. Preguntamos al grupo y encontramos a otros que habían hecho enmiendas parecidas. Consultamos a nuestros patrocinadores. Confiamos en que nuestro Poder Superior dirigiría nuestro pensamiento conforme procediéramos.

Contactando a la persona dañada, le explicamos que nuestra adicción a la nicotina estaba suspendida a través de nuestra práctica del programa espiritual de Nicotina Anónimos. El programa enfatiza que debemos componer el daño que realizamos en el pasado y reparar las relaciones con las personas a las que dañamos. Y es por eso que estábamos aquí.

Seguimos explicando con apropiado detalle el daño que sentimos que habíamos causado. Aunque esto no remedió instantáneamente las cosas, su efecto a largo plazo era poderoso. Si habíamos causado una pérdida material a la persona ofrecimos hacerle una restitución. Sin embargo, más a menudo el daño era de naturaleza emocional y espiritual. Donde se había causado daño emocional, nos disculpamos y dijimos que ahora estábamos intentando vivir honestamente y en armonía con los demás.

Disculpándonos a menudo no era suficiente. A veces la persona con la que hablábamos estaba escéptica, especialmente si le habíamos pedido disculpas con arrepentimiento en el pasado, prometido un cambio de conducta y luego simplemente habíamos vuelto a nuestros viejos modos. Era necesario cambiar nuestras acciones y hacer enmiendas en vivo. Vivir nuestras enmiendas significa actuar y hacer cosas saludables y cariñosas a otros, como habíamos prometido anteriormente. Disculparnos por acciones negativas pasadas y dejar de hacerlas en el presente no era suficiente; ahora teníamos que realizar acciones personales positivas hacia los demás y esforzarnos por establecer relaciones correctas con todos los que cruzan nuestro camino. La reconstrucción a largo plazo de las relaciones viene a través de una conducta consistente con el tiempo.

También nos acordamos de tomar nuestro propio inventario moral y no el de la otra persona. Hablamos de lo que habíamos hecho nosotros, no de lo que había hecho la otra persona. Aun si creemos firmemente que la otra persona había contribuido el 90% del problema y nosotros solo habíamos causado el 10%, hablamos solamente de nuestro lado de la calle. Si la otra persona, en el espíritu de reconciliación, nos habló de sus acciones, le escuchamos y le dimos las gracias por sus comentarios. No juzgamos, criticamos, o discutimos.

La persona a la que nos acercamos puede haber respondido con rabia y no con perdón. Sin embargo, no intentamos hacerles ver nuestro punto de vista. Aceptamos sus sentimientos y expresamos que esperamos que en el futuro nos puedan perdonar, y lo dejamos así y en manos de nuestro Poder Superior.

Nos aseguramos de no hacer reparaciones de tal forma que causaríamos mayor perjuicio o daño a la persona afectada. No revelamos secretos que fueran bueno para nosotros confesarlos pero que pudieran causar dolor a la otra persona. Evitamos el tiradero emocional que egoístamente solo liberaría nuestras propias emociones.

A menudo nuestra conducta auto-centrada causó incomodidad o dañó a grupos de personas o individuos que habían atravesado por nuestras vidas anónimamente. Estas personas habían aguantado nuestro humo de cigarrillo en espacios cerrados como elevadores, o vieron nuestras colillas de cigarrillos tiradas a lo largo de un sendero de montaña inmaculado. En estos casos muchos de nosotros descubrimos que necesitábamos hacer reparaciones al mundo en general. Buscamos maneras de repagar al mundo por el daño que habíamos causado. Esto podría tomar la forma de trabajo de voluntario con grupos ambientalistas, servicio en Nicotina Anónimos, u otras actividades menos formales que son de servicio a los demás.

En ciertos casos no podríamos hacer reparaciones directas a la gente que habíamos dañado. Tal vez murieron o perdimos contacto con ellos, o se negaron a vernos. En estos casos encontramos que el concepto de "reparaciones al mundo en general" funcionaba. Si habíamos sido mala hija o hijo con un padre ahora fallecido, tomamos acciones hacia otros que estaban en situaciones similares a las de nuestros padres; adoptamos, ayudamos y amamos a adultos mayores. Si no podíamos comunicarnos con la persona afectada, hicimos reparaciones en vivo a alguien con quien podíamos interactuar.

En nuestra explicación de lo que estábamos haciendo generalmente mencionamos a Nicotina Anónimos y cómo nos había llevado a la situación actual. Sin embargo, nuestro propósito no era explicar nuestro programa o nuestra espiritualidad recién hallada. Si la plática del programa y de la espiritualidad hizo a otros sentirse incómodos no presionamos con esos temas sino que fuimos directo al asunto de reparar los daños.

Lleva tiempo hacer reparaciones. Aprendimos la paciencia a través del proceso. Se requiere valor y voluntad para proceder en principio en un curso de acción cuando no podemos predecir el resultado. Aprendimos a planear nuestro curso de acción, llevarlo a cabo con determinación, y aceptar cualquier resultado. Procedimos con el reconocimiento que esto funcionó no sólo para mantenernos libres de la nicotina, sino que también para ayudarnos a lograr una nueva armonía con los demás, y a reducir nuestro sentido de soledad y aislamiento.

Habiendo hecho lo mejor que pudimos para restaurar la seguridad emocional y material que interrumpimos en aquéllos a quienes dañamos, comenzamos a ver el mundo en una nueva luz. Supimos ahora que nuestras acciones individuales se irradian más ampliamente en el mundo que lo que alguna vez hubiéramos imaginado. Como resultado de nuestra admisión de impotencia sobre la nicotina, llegamos por último a entender el verdadero punto de nuestro poder. En esta búsqueda, descubrimos poco a poco que nuestro conocimiento y tolerancia hacia los demás había aumentado y, por primera vez en nuestras vidas, nuestro lugar en la humanidad se había vuelto realmente cómodo.

DÉCIMO PASO

Continuamos haciendo nuestro inventario personal y cuando nos equivocábamos, lo admitíamos inmediatamente.

Durante los primeros nueve Pasos, nos concentramos en identificar y renunciar a los problemas del pasado mientras reconocemos nuestro valor y buenos atributos. Entregamos nuestra voluntad y vida al cuidado de Dios/nuestro Poder Superior según cada uno de nosotros lo concebimos. Preparamos el camino para pasar el resto de nuestra vida con alegría y libertad.

El Décimo Paso nos ayuda a verificar nuestro progreso en esta nueva vida. Regularmente examinamos nuestras acciones e interacciones diarias con nosotros mismos y con los demás. Identificamos cualquier área problemática en términos de nuestra conducta en cada día. Hacemos reparaciones del daño a aquéllos que tal vez ofendimos, y damos gracias a Dios y a nosotros mismos por nuestros éxitos.

Este Paso nos ayuda a estar bien con nosotros mismos, con los demás y con nuestro Poder Superior. Buena conducta y actitudes saludables son importantes para recuperarnos de la dependencia a la nicotina. A través de este Paso se nos da la oportunidad de mantener nuestro compromiso para luchar por franqueza, honestidad, humildad y amor por nosotros mismos y los demás. Es nuestro camino a la paz y serenidad. Limpia el sendero para acercarnos a nosotros mismos, a los demás y a nuestro Poder Superior. El Décimo Paso nos ayuda a mantener la conducta esencial para seguir abstinentes del uso de la nicotina.

El Décimo Paso nos pide continuamente que estemos conscientes de cómo nuestras acciones influyen en las vidas de aquéllos a nuestro alrededor. Esto nos ayuda a mantener una conciencia de que somos tan importantes para la recuperación de otros como ellos lo son para la nuestra. Aprendemos a ser responsables de los valores que anhelamos en las relaciones con los demás, como la franqueza, la honestidad y la veracidad. El Décimo Paso nos brinda el conocimiento directo de que estos valores son guías para nuestra conducta.

Trabajando este Paso a diario nos brinda una continua retroalimentación de nuestro progreso y de nuestros obstáculos.

Puede revelarnos justo qué tan seguido tenemos que hacer reparaciones al daño causado a otros antes de estar dispuestos a cambiar nuestra conducta. Comenzamos a ver nuestra resistencia al cambio, a la franqueza, a la honestidad y a la humildad. Podemos ver la lucha que tenemos en nuestro interior, especialmente cuando no queremos admitir nuestras faltas o disculparnos por un acto que daña a alguien más. La fuerza puede venir cuando reconocemos nuestra resistencia y puede brindarnos la humildad que sea necesaria al pedir ayuda.

El Décimo Paso nos ayuda a mantener nuestro lado de la calle limpio. Es un gran recordatorio para mantenernos enfocados en nosotros mismos. Cuando podemos hacer esto, estamos generalmente más seguros de que seguimos en curso. Se fortaleza nuestra fe en que recibiremos las promesas del sano juicio y la serenidad.

UNDÉCIMO PASO

Buscamos, a través de la oración y meditación, mejorar nuestro contacto consciente con Dios, *como nosotros lo concebimos,* pidiéndole solamente que nos dejase conocer su voluntad para con nosotros y nos diese la fortaleza para cumplirla.

Hemos pasado nuestras vidas creando distancia entre nosotros y la paz en nuestro interior. Hemos creado nubes de niebla ahumada entre nosotros y nuestro Poder Superior al grado de que ya no podemos verlo. El Undécimo Paso es lo que hacemos para quitar la niebla y vernos a nosotros mismos y nuestra relación con Dios en una luz clara y serena. Esto fortalece la conexión entre nosotros y nuestro Poder Superior. El dividir el Paso en componentes más pequeños podría ayudarnos a examinar su importancia.

"Buscamos a través de la oración y la meditación ... "
Cada persona puede llegar a su propio entendimiento de lo que significa la oración. La oración es vista por algunos como una "percepción elevada de la intuición". Otros la ven como hablar con su yo superior, o hablar con Dios. Algunas personas ya establecieron una forma de oración antes de entrar al programa. Estas personas tal vez no tenían problema para iniciar contacto con un Poder Superior. Para otros el orar es difícil, si no imposible. Lo importante es hacer lo que necesitemos para fortalecer el lazo entre nosotros y un Poder Superior a nosotros. Los que tienen dificultad al rezar también pueden pedir ayuda a los miembros compañeros de Nicotina Anónimos. Un patrocinador puede ser especialmente útil en esta etapa, compartiendo experiencia, fuerza y esperanza.

No existen oraciones correctas o incorrectas, maneras de rezar o lugares para hacerlo, pero es crucial que busquemos sinceramente la voluntad y dirección de nuestro Poder Superior. De que funcione funciona, y no debe ser juzgado por los demás. Algunas personas sólo sienten que están rezando si están arrodillados, humillándose ante su Poder Superior. Otros rezan mientras trabajan, corren, o conducen sus autos. Resulta útil comenzar nuestro día con algún tipo de oración, pidiéndole a Dios dirección y que guíe nuestro pensamiento y acciones hacia sus fines. En la noche, antes de ir a la cama, tomamos algo de tiempo para listar mentalmente todas las cosas por las que debemos estar agradecidos hoy—un día más de estar libres de la nicotina, nuestra salud, los amigos, seres amados, empleos, hogares, etc. Podemos reflejar sobre los cambios que han ocurrido en nuestras vidas desde que dejamos de usar la nicotina y comenzamos a soltar nuestros apegos egoístas y caprichosos.

En el pasado, muchos de nosotros rezamos a Dios sólo para pedirle cosas o resultados específicos. Ahora nos preguntamos, "¿Cómo puedo solicitar un resultado específico cuando en última instancia no puedo saber qué es bueno para mi o para alguien más?" Aceptación, no control, es la clave. En tanto pidamos cosas específicas, no nos dejamos llevar y a Dios obrar. Al adoptar una actitud abierta de, "Hágase su voluntad, y no la mía", se nos da más que lo que alguna vez soñamos. En lugar de preguntar qué queremos y qué pensamos que necesitamos, nos enfocamos en ofrecernos a nuestro Poder Superior como sirvientes dispuestos a   realizar acciones espiritualmente guiadas.

Igual a la oración, las técnicas de meditación varían mucho y cada persona puede encontrar su propio camino. La meditación nos lleva a volvernos tranquilos, abiertos y receptivos. Nos ayuda a ir hacia nuestro interior, a estar callados, y a vaciarnos para que nuestro Poder Superior pueda entrar y llenarnos. Sentarse plácidamente frente a una vela puede ayudar a producir un estado de calma interior y concentración. También puede sentarse en una playa aislada, bajo un árbol en las montañas, o en una silla en una mesa de la cocina. Una manera de comenzar a meditar es simplemente sentarnos tranquilamente, enfocados en nuestra respiración conforme inhalamos y exhalamos. Deja que el diafragma haga el trabajo, sólo observa qué sucede. Otra herramienta que algunos usan es visualizar a Dios en el corazón. Deje que Dios se expanda y se apodere del cuerpo, la habitación y el mundo.

"... mejorar nuestro contacto consciente con Dios ... "

Lo que sea que hagamos para nuestro Undécimo Paso, es muy importante que hagamos algo. Este Paso es un Paso de acción. Mientras que muchos de nosotros comenzamos haciendo el Undécimo Paso por unos cuantos minutos al día, encontramos a través de la experiencia que es posible tener una conexión con nuestro Poder Superior en todo momento del día y noche. Mientras que es muy difícil, es posible. Muchos descubren que entre más contacto tienen con su Poder Superior, se vuelven más serenos.

Algunos han descubierto herramientas útiles para obtener un contacto más constante con un Poder superior a ellos mismos, y aquí están unas cuantas:

- Pedirle ayuda a su Poder Superior cuando se toman decisiones.
- Realizar cada acción como si fuera un regalo a Dios.
- Idear una imagen de un Poder Superior (por ejemplo, una llama de vela, el mar) e imaginar esa imagen tanto como sea posible.
- Pensar que somos como un instrumento en las manos de Dios.
- Repetir lemas del programa.
- Pensar que somos como una célula en el cuerpo de nuestro Poder Superior, o una estrella en el cuerpo del universo.

"… como nosotros lo concebimos …"

Estamos guiados a encontrar, conocer y entender un Dios/Poder Superior que trabaja para nosotros. No existen reglas para esto. Nuestro Poder Superior puede ser una voz interior, la naturaleza, otras personas, o una piedra. El programa puede funcionar sólo si somos libres de explorar nuestros caminos individuales y realizar la experiencia de un Poder Superior que necesitamos para hoy.

Es útil recordar que hallar un entendimiento de un Poder Superior es un proceso, no un evento. Tenemos toda nuestra vida para buscar este Poder, para significado, para respuestas. No hay prisa. Hoy es suficiente. Nuestro Poder Superior nos dará lo que necesitamos encontrar, y nos ayudará a hacer lo que necesitamos hacer.

"… pidiéndole solamente que nos dejase conocer su voluntad para con nosotros …"

¿Cómo sabemos cuál es la voluntad de nuestro Poder Superior para con nosotros? A veces puede ser más fácil pensar cuál *no* es la voluntad de nuestro Poder Superior. No es la voluntad de nuestro Poder Superior que continuemos usando nicotina. El usar la nicotina nos alejó de nuestro Poder Superior. Renunciar al uso de la nicotina comenzó a acercarnos a nuestro Poder Superior.

Si nos concentramos en rezar y realizar la voluntad de Dios, nuestros propios deseos insignificantes y anhelos egoístas comienzan a disminuir. Nos volvemos más serenos y fluimos con nuestra propia naturaleza esencial. Encontramos que los frutos de nuestras acciones son preocupación de Dios y no la nuestra. Nos involucramos más con la acción y nos preocupamos menos de los resultados. La vida es más fácil cuando sacamos nuestros egos del camino y establecemos firmemente nuestras mentes y corazones en nuestro Poder Superior.

"... y nos diese la fortaleza para cumplirla ..."

La última cosa que el Undécimo Paso sugiere es que recemos por el poder de seguir la voluntad de Dios. Algunos ven este poder como voluntad, fuerza, aceptación, valor y compromiso. Otros unen todas estas cosas y lo llaman fe. La fe no significa estupidez o ceguera. Fe significa aceptar con ojos abiertos y corazones cariñosos la vida que yace ante nosotros, sabiendo que se hará cargo de nosotros y que conseguiremos lo que necesitemos. Algunos dicen que la fe es nuestra relación con Dios. Se requiere fe para dejarnos llevar y a Dios obrar. Una vez que nos deshacemos de viejos hábitos, deseos y apegos, podemos sentir una necesidad de apegarnos a algo más. El Undécimo Paso sugiere que nos apeguemos a un Poder Superior y que alimentemos nuestra fe para hacer la voluntad de nuestro Poder Superior.

Nadie es perfecto. Pero si nuestras motivaciones son claras, generosas y dirigidas hacia nuestro Poder Superior, nuestro Undécimo Paso nos llevará a una serenidad profunda y duradera.

DUODÉCIMO PASO

Habiendo obtenido un despertar espiritual como resultado de estos Pasos, tratamos de llevar este mensaje a otros usuarios de la nicotina, y de practicar estos principios en todos nuestros asuntos.

El tema del Duodécimo Paso es nuestra recién encontrada forma de vida— la libertad, alegría y serenidad que hemos descubierto a través del despertar de nuestro espíritu. El poder del Duodécimo Paso es que éste proporciona una guía para vivir el resto de nuestras vidas. Existen tres componentes en este Paso. El primero es el "despertar espiritual". Esto se refiere, claro, a donde hemos estados en el pasado y lo qué nos ha pasado. La segunda y la tercera parte, "llevar este mensaje" y "de practicar estos principios", son las guías para vivir y para nuestro futuro.

Si examinamos el curso de los Pasos anteriores, está claro que estamos viendo un proceso de despertar espiritual. Ha habido un lento crecimiento y cambio. Reconocer la ingobernabilidad que nuestra adicción a la nicotina extendió sobre nuestras vidas, y aprender a admitir nuestra impotencia no sucedió sin esfuerzo. Requirió trabajo.

Comenzando a creer en la idea de un Poder Superior y comenzando a "Dejarnos llevar y a Dios obrar" no fue fácil para muchos de nosotros. Luchamos, nos resistimos y combatimos. Pero poco a poco, nos las arreglamos para pelar otra capa de la cebolla, y terminamos el Segundo y Tercer Paso. Continuamos evolucionando, creciendo y tomando conciencia.

El proceso continuó. Poco a poco, paso por paso, luchamos por salir de nuestro profundo sopor. A través de lo que seguramente fue la mayor lucha de nuestras vidas, despertamos a un sentido alterado de nosotros mismos y de nuestras vidas.

Para muchos, el cambió incluyó una conciencia del significado de que estamos en este planeta, de que estamos vivos, y que hay dicha y felicidad disponibles, hoy, aquí y ahora.

Despertamos de esa temporada del lento suicidio por el uso de la nicotina, cuando nuestros espíritus se ahogaron en un inmenso océano de odio a nosotros mismos, aplastados por olas interminables de ansias, temor y fracaso. Nos las ingeniamos para encontrar una manera de levantarnos por encima de las olas y montarlas y divertirnos, en lugar de dejar que nos aplasten y nos arrojen a la arena. Encontramos una tabla de surf. Encontramos un Poder Superior. Encontramos fuerza para salvarnos de nosotros mismos. Nos las ingeniamos para poco a poco aprovecharnos de un recurso interior de nuestro propio sistema de creencias, nuestra propia imaginación y nuestra propia fe— un Dios como nosotros lo concebimos. Ese Dios era alguien, algo, cualquiera, cualquier cosa mayor a lo que éramos nosotros.

Comenzamos a entender que la enfermedad que sentimos cuando éramos adictos a la nicotina—la auto-conciencia destructiva, las insuficiencias, la depresión, el falso alarde, la agresividad irracional, y el triste odio a nosotros mismo—todo surgió de un sentido esencial de soledad y temor. Pensábamos que podíamos hacerlo nosotros solos. Estábamos solos e intentamos aliviar el dolor a través de la nicotina.

Finalmente, pudimos reconocer la locura causada por nuestro aislamiento auto-impuesto. Y luego nos permitimos encontrar un compañero que llamamos un Poder Superior.

Aprendimos a trabajar en estar en contacto con nuestra alma, con nuestro Poder Superior. Encontramos una capacidad para permanecer serenos a pesar de las altas y bajas. Descubrimos que podíamos montar las olas.

Con ese descubrimiento, la vida se convirtió y permanece como una serie de pequeños milagros e incrementos de asombro. Nos volvimos menos propensos a revolcarnos en la autocompasión o a desperdiciar una tarde de nuestra vida rumiando si reconocíamos, si aceptábamos y dábamos la bienvenida a nuestra propia existencia espiritual. Al hallar la paz para recorrer el viaje en nuestro planeta, cada momento tiene su propia recompensa. Cada momento se vuelve sagrado y nos enriquece porque aprendimos a vivir hoy, aquí y ahora. Cada gota de lluvia que cae, cada aliento que respiramos, cada montaña que subimos, cada vez que nos damos en el dedo y cada viento que brama son igualmente importantes porque los vivimos. Ellos existen, y cuando nosotros existimos como parte de ellos, no estamos solos. Cuando no estamos solos, no necesitamos matarnos con la nicotina.

A esto nos referimos cuando hablamos acerca del despertar espiritual. Esto es lo que ha sucedido durante el proceso de los Pasos.

Sin embargo, seguimos siendo adictos. Y cuando comenzamos a experimentar la alegría de ser libres del uso de la nicotina, corremos el riesgo de pensar una vez más que podemos controlar las cosas. Ese es el riesgo de ser un adicto. Conforme el sufrimiento de nuestro pasado con la nicotina disminuye, las tentaciones que nos metieron en problemas regresan. Esto nos lleva a las partes últimas del Duodécimo Paso—el plan de acción para continuar viviendo libres de la nicotina.

Hemos aprendido la mejor manera de evitar que nuestra locura vuelva a asumir el control de nuestras vidas— compartiendo nuestro nuevo regalo de vida con aquéllos que aún están sufriendo. Lo llamamos "llevar el mensaje". Lo hacemos de dos maneras; obsequiamos el regalo que recibimos al compartir, y permitimos que nuestras vidas sean ejemplos para los demás.

La manera en que llevamos el mensaje a aquéllos que todavía están usando la nicotina, es compartiendo nuestra experiencia, fortaleza y esperanza con ellos. Es sencillo y es seguro. Reconocemos el milagro en nuestras propias vidas, y podemos compartirlo con las personas que aún sufren. Sin embargo, al compartir, hay que tener cuidado, acordándonos que lo que compartimos es nuestra experiencia—y no la de alguien más.

Compartimos nuestra fortaleza a través de la honestidad y humildad. Además, compartimos la felicidad que hemos hallado aventajándonos de una nueva fuente de energía positiva y la felicidad que encontramos al rendirnos ante algo más grande que nosotros mismos—ante un Poder Superior.

A medida que compartimos el regalo de nuestros propios milagros, cada acto realizado en gratitud, no importa qué tan pequeño pueda parecer el empeño particular, tiene sus propias lecciones y recompensas para nosotros. Regalamos lo que hemos recibido y por eso recibimos aún más. Nosotros, quienes hemos estado en las profundidades de la desesperación y agonía, aprendimos mientras ayudamos a levantar a otros de ese terrible lugar. Nuestra propia alegría aumenta cuando vemos a otros que podemos ayudar por lo que hemos aprendido por nuestra cuenta. Hay alegría para nosotros al ayudar a un recién llegado a través de sólo un deseo irresistible por la nicotina, ya que, como lo sabemos todos muy bien, cada uno de los deseos irresistibles puede ser mortal.

Lo que realmente hacemos para ayudar al usuario de nicotina a través de un deseo irresistible puede ser muy sencillo y puede no implicar más que hablar por un par de minutos, o dar un abrazo o un apretón de manos. Conocemos el dolor porque lo hemos experimentado. Nuestra felicidad en ayudar no disminuye con la sencillez del encargo porque entendemos su importancia.

Al ayudar a otros, aprendemos la compasión, la paciencia y la tolerancia. Estos maravillosos regalos nos ayudan a aceptarnos y a refirmar nuestro propio valor y crecimiento. Nuestro propio mensaje honesto y sencillo de nuestra recuperación de la adicción a la nicotina es increíblemente poderoso. Al asistir a las juntas y al hacernos visibles y disponibles, proporcionamos el mayor servicio posible. Entre más participemos y más estemos activos, mejor podremos y llevaremos el mensaje. No estamos buscando conversos.

Mostramos la manera por medio del ejemplo. Esta es la tercera parte del Duodécimo Paso. Practicamos los principios de la recuperación—los principios que hemos aprendido a través del proceso de los Doce Pasos—y los practicamos en todos nuestros asuntos. Estos principios incluyen aceptación, humildad, tolerancia, paciencia, voluntad, franqueza, amor, esperanza, fe, confianza y alegría. Estos son los principios que nos rescataron de la soledad y el temor. Estos se convirtieron en principios perpetuos para disfrutar de la libertad, la alegría y la serenidad en nuestras vidas diarias.

Además, cuando practicamos estos principios en todos nuestros asuntos, hacemos un magnífico trabajo de llevar el mensaje. Los que nos conocían antes no pueden evitar notar los cambios en nosotros conforme avanzamos en la recuperación. Llevamos el mensaje al estar en nuestra recuperación todo el tiempo.

Lo que empezó como un enfoque desesperado para renunciar al uso de la nicotina ahora florece y se convierte en una libertad por vivir. Con asombro y humildad, aprendemos a disfrutar los más preciosos regalos de todos—la aceptación de nuestra propia humanidad y la conciencia de que no estamos solos.

Como la vida misma, los Pasos son un proceso y un ciclo. Vivimos los Pasos practicando sus principios positivos en todos nuestros asuntos. El Duodécimo Paso no es el final. Es el resto de la vida. Es libertad, alegría y serenidad.

Bienvenidos a Nicotina Anónimos

Parte IV

LAS DOCE TRADICIONES DE NICOTINA ANÓNIMOS

1. Nuestro bienestar común debe tener la preferencia; la recuperación personal depende de la unidad de Nicotina Anónimos.

2. Para el propósito de nuestro grupo sólo existe una autoridad fundamental: un Dios amoroso tal como se exprese en la conciencia de nuestro grupo. Nuestros líderes no son más que servidores de confianza. No gobiernan.

3. El único requisito para ser miembro de Nicotina Anónimos es querer dejar de consumir nicotina.

4. Cada grupo debe ser autónomo, excepto en asuntos que afecten a otros grupos o a Nicotina Anónimos considerado como un todo.

5. Cada grupo tiene un solo objetivo primordial: llevar el mensaje al adicto a la nicotina que aún esta sufriendo.

6. Un grupo de Nicotina Anónimos nunca debe respaldar, financiar o prestar el nombre de Nicotina Anónimos a ninguna entidad allegada o empresa ajena, para evitar que los problemas de dinero, propiedad y prestigio nos desvíen de nuestro objetivo primordial.

7. Todo grupo de Nicotina Anónimos debe mantenerse completamente a sí mismo, negándose a recibir contribuciones de afuera.

8. Nicotina Anónimos nunca tendrá carácter profesional, pero nuestros centros de servicio pueden emplear trabajadores especiales.

9. Nicotina Anónimos como tal nunca debe ser organizada; pero podemos crear juntas o comités de servicio que sean directamente responsables ante aquellos a quienes sirven.

10. Nicotina Anónimos no tiene opinión acerca de asuntos ajenos a sus actividades; por consiguiente, su nombre nunca debe mezclarse en polémicas públicas.

11. Nuestra política de relaciones públicas se basa más bien en la atracción que en la promoción; necesitamos mantener siempre nuestro anonimato personal ante la prensa, la radio, la televisión y el cine.

12. El anonimato es la base espiritual de todas nuestras Tradiciones, recordándonos siempre anteponer los principios a las personalidades.

Las Doce Tradiciones reimpresas y adaptadas con el permiso de Alcoholics Anonymous World Services Inc. Permiso para reimprimir y adaptar los Doce Tradiciones no significa que AA está afiliado con este programa. AA es un programa de recuperación del alcoholismo—el uso de las Doce Tradiciones en conexión con programas y actividades que se asemejan al concepto de AA, pero que tratan otros problemas no implica lo contrario.

Las Doce Tradiciones de Alcohólicos Anónimos

1. Nuestro bienestar común debe tener la preferencia; la recuperación personal depende de la unidad de AA.

2. Para el propósito de nuestro grupo sólo existe una autoridad fundamental: un Dios amoroso tal como se exprese en la conciencia de nuestro grupo. Nuestros líderes no son más que servidores de confianza. No gobiernan.

3. El único requisito para ser miembro de A.A. es querer dejar de beber.

4. Cada grupo debe ser autónomo, excepto en asuntos que afecten a otros grupos o a A.A., considerado como un todo.

5. Cada grupo tiene un solo objetivo primordial: llevar el mensaje al alcohólico que aún está sufriendo.

6. Un grupo de A.A. nunca debe respaldar, financiar o prestar el nombre de A.A. a ninguna entidad allegada o empresa ajena, para evitar que los problemas de dinero, propiedad y prestigio nos desvíen de nuestro objetivo primordial.

7. Todo grupo de A.A. debe mantenerse completamente a sí mismo, negándose a recibir contribuciones de afuera.

8. A.A. nunca tendrá carácter profesional, pero nuestros centros de servicio pueden emplear trabajadores especiales.

9. A.A. como tal nunca debe ser organizada; pero podemos crear juntas o comités de servicio que sean directamente responsables ante aquellos a quienes sirven.

10. A.A. no tiene opinión acerca de asuntos ajenos a sus

actividades; por consiguiente su nombre nunca debe mezclarse en polémicas públicas.

11. Nuestra política de relaciones públicas se basa más bien en la atracción que en la promoción; necesitamos mantener siempre nuestro anonimato personal ante la prensa, la radio y el cine.

12. El anonimato es la base espiritual de todas nuestras Tradiciones, recordándonos siempre anteponer los principios a las personalidades.

Las Doce Tradiciones*

Cuando una sociedad o civilización perece, siempre hay presente una condición; se olvidaron de su origen.

Carl Sandburg

Introducción

Los Doce Pasos, basados en principios espirituales antiguos y universales, describen un camino personal para nuestra recuperación. El poder de la recuperación individual se encuentra en uno de los miembros llevando el mensaje al siguiente, sin ningún pensamiento de ganancia personal o recompensa financiera—y funciona.

Las Doce Tradiciones son para las comunidades de recuperación lo que los Doce Pasos son para el individuo. Tienen un significado espiritual por separado y como socio igualitario de los Pasos. Los grupos deben animarse a dejar tiempo suficiente para discutir las Tradiciones; para que los patrocinadores puedan enfatizar esta sabiduría a los recién llegados. Si suavizan, diluyen o abandonan las Tradiciones, la supervivencia de un grupo o la recuperación de una persona podría estar en riesgo

Bill Wilson (co-fundador de Alcohólicos Anónimos) redactó las Tradiciones por primera vez como una síntesis de las experiencias compartidas de los primeros grupos de Alcohólicos Anónimos (AA). Son el resultado de la prueba y error, errores a veces graves. Las expandió a su forma actual y fueron adoptadas en 1950 en la Convención Internacional de AA celebrada en Cleveland.

Las Tradiciones han resistido la prueba del tiempo. Proporcionan una guía probada y verdadera para los grupos al tiempo que permiten la individualidad. Como observa Wilson conmovedoramente en la primera tradición de AA—"En yunque de experiencia, se formó la estructura de nuestra Sociedad".

Las Tradiciones se desarrollaron a lo largo del tiempo para responder a los problemas mientras surgían. Se basan en la experiencia particular al bienestar común de Alcohólicos Anónimos. Nuestra comunidad las ha adoptado porque han servido bien a AA.

Nuestra comunidad no es comercial ni profesional, nuestros líderes son servidores de confianza. Ningún miembro puede decirle a otro: "Usted no puede hacer eso", o "Tiene que hacer esto". Si un grupo no respeta las Tradiciones, se arriesga a la posibilidad de confusión y conflicto. La confusión y el conflicto pueden alejar a los recién llegados, privándoles de los beneficios que ofrece Nicotina Anónimos.

Las Tradiciones dan forma y unidad a nuestra comunidad entera. Ayudan a guiar grupos locales de una manera que ha servido para realizar la recuperación de muchas personas durante muchos años. Cuidadosamente mantienen el enfoque en nuestro objetivo primordial y aseguran que cualquier miembro de nuestra comunidad puede ir a cualquier reunión y encontrar los mismos principios espirituales básicos en acción. Fomentan un lugar seguro para cada individuo, enfatizando la importancia de la unidad del grupo. La humildad es la base sobre la que se construyen las Tradiciones. Las Tradiciones protegen nuestra comunidad de nuestros defectos individuales; nos protegen de nosotros mismos y nos mantienen del tamaño óptimo, al igual que los Pasos.

Ojala que todos podamos seguir profundizando nuestra comprensión de estos principios para que nuestra recuperación y nuestra comunidad sigan creciendo y sirviendo a todos aquellos que buscan librarse de la nicotina.

PRIMERA TRADICIÓN

Nuestro bienestar común debe tener la preferencia; la recuperación personal depende de la unidad de Nicotina Anónimos.

¿Esto significa que el individuo debe cumplir con todos los aspectos de nuestro programa? ¡De ninguna manera! La oración en el "Libro Grande" de AA que introduce los Pasos dice lo siguiente: "Estos son los pasos que dimos, que se *sugieren* (la cursiva es nuestra énfasis) como un programa de recuperación". Del mismo modo, las Tradiciones usan la palabra "debe" y "debería" como *directrices*, ofrecidas de la experiencia.

La Primera Tradición nos recuerda que nuestro bienestar común tiene prioridad. Al poner nuestro bienestar común primero, los individuos se ponen en segundo lugar. Cada miembro individual de Nicotina Anónimos es parte de la totalidad. Nicotina Anónimos necesita vivir como una entidad para que nosotros, como miembros individuales, podamos seguir viviendo—libres de la nicotina. Llegamos a comprender que cada uno de nosotros tiene que internalizar los principios de la recuperación porque nuestras vidas dependen de nuestra adhesión a los principios espirituales. Individualmente, somos "uno para todos;" como grupo somos "todos para uno". Como comunidad nos mantenemos unidos en cuestiones fundamentales de la recuperación. Si no, ponemos en peligro la recuperación personal y arriesgamos debilitar los lazos de nuestra comunidad.

Uno de nuestros temas fundamentales fue abordado por conciencia de grupo en la Conferencia de Servicios Mundiales de 1988 donde se estableció un entendimiento claro de nuestra definición de la abstinencia. Desde 1988, definimos la abstinencia como "un estado que comienza cuando se deja de usar la nicotina en cualquier forma". Aunque nuestro nombre era *Fumadores Anónimos* en aquel tiempo, decidimos en conjunto que la abstinencia de la nicotina era nuestro objetivo primordial, no cualquier método particular de administración. En 1990, nuestro nombre se convirtió en Nicotina Anónimos, lo que amplió nuestra conciencia y promoción como un programa para incluir la adicción a la nicotina en todas sus formas.

De acuerdo con la Décima Tradición, no tenemos ninguna "opinión acerca de asuntos ajenos", como, por ejemplo, cualquier producto utilizado para ayudar con la abstinencia. Cada individuo determina su fecha para dejar de usar nicotina. La comunidad en su totalidad y por extensión, cada grupo ofrece una estructura y una unidad de propósito que nos permite dar la bienvenida a todos, sin juzgarlos.

El único propósito del grupo es recuperación para el individuo. La supervivencia individual y de grupo depende de las relaciones amistosas entre los miembros del grupo. En nuestras reuniones, los miembros comparten sus experiencias personales de recuperación mientras que otros escuchan. Aunque cada miembro tiene derecho de expresar sus puntos de vista, un miembro individual podría tener que aceptar la voz mayoritaria del grupo gentilmente. Una mente abierta es de gran ayuda al escuchar las ideas y opiniones de otros miembros.

Grupos espiritualmente sanos suelen tener miembros que tienen un "sentido de pertenencia" de su "propio grupo" a través de la participación activa. De buena gana se ofrecen para asumir las responsabilidades de dirigir el grupo. Sirven como moderador, secretario o tesorero. Toman un compromiso relacionado con la literatura o montaje de las reuniones. Por lo general, estos miembros han beneficiado de nuestro programa de recuperación y comparten esa experiencia en un papel de servicio claramente visible para el recién llegado.

Por otro lado, ¿qué ocurre cuando un miembro individual se niega a aceptar una decisión de grupo? Cada miembro tiene que decidir por sí mismo cómo responder a tal situación. Algunos pueden pensar que el asunto es lo suficientemente importante como para dejar el grupo, otros pueden decidir simplemente aceptar que no nos pondremos de acuerdo. Un voto de mayoría no necesariamente significa que es "correcto". Cualquier persona tiene la opción de iniciar una nueva reunión. También puede ocurrir que un miembro permanece en el grupo, pero se vuelve resentido, y esto puede tener una influencia negativa en el grupo. Si otros miembros se sienten incómodos o intimidados, el grupo podría llegar a fracasar. ¿Qué hacer?

Ningún miembro de Nicotina Anónimos tiene autoridad sobre otro. Pero el grupo, hablando con conciencia de grupo, sí tiene autoridad. Sin embargo, esta es una razón esencial para que los miembros estudien la sabiduría en todas las Tradiciones a fin de que puedan cumplir mejor el objetivo primordial del grupo (Quinta Tradición). Guiada por esta sabiduría unificada, el grupo tiene una mejor oportunidad de saber lo que es el bienestar común y ponerlo en primer lugar. Entonces, hablando con una sola voz, esto fortalece la unidad de Nicotina Anónimos. Si nos atenemos a nuestro nombre, Nicotina Anónimos, entonces podemos "Mantenerlo simple" y lograr que sea más fácil para el recién llegado entender y practicar nuestro programa de recuperación.

SEGUNDA TRADICIÓN

Para el propósito de nuestro grupo sólo existe una autoridad fundamental: un Dios amoroso tal como se exprese en la conciencia de nuestro grupo. Nuestros líderes no son más que servidores de confianza. No gobiernan.

Con frecuencia se dice que Nicotina Anónimos es un programa de "Nosotros". Es evidente que muchos adictos a la nicotina que creían que no había esperanza han encontrado la recuperación a través de la comunidad de Nicotina Anónimos. Aunque admitieron que eran impotentes ante la nicotina por sí solos, de alguna manera llegaron a experimentar un alivio milagroso de la obsesión de usar nicotina por medio del poder de un Dios amoroso (según concebían ese poder) que actúa a través del grupo.

Reforzando la idea de que Nicotina Anónimos es un programa de "Nosotros", la Segunda Tradición nos recuerda que la autoridad final en asuntos que afectan a los grupos de Nicotina Anónimos nunca reside en un solo individuo, sino con el grupo propio a través de su conciencia de grupo. ¿Qué significa, exactamente, el término "conciencia de grupo?"

Al nivel más básico, significa que se lleva un asunto que requiere acción a un grupo de Nicotina Anónimos para discutirlo. El curso de acción a tomar es determinado por el voto de los miembros del grupo. El uso de la palabra "conciencia" implica que hay un imperativo moral en los votos del grupo. De hecho, sí lo hay.

Detrás de todas las otras Tradiciones, la Quinta Tradición dice: "Cada grupo tiene un solo objetivo primordial: llevar el mensaje al adicto que aún sufre". Entonces cada miembro, al participar en una conciencia de grupo, debe considerar si su voto ayuda al grupo a cumplir con su objetivo primordial o no. Esto quiere decir que los miembros dejan a un lado sus preferencias personales y votan con este noble propósito en mente. Cuando esto ocurre—cuando los miembros dejan a un lado sus propios intereses y actúan por el bien común— creemos que la voluntad de un Poder Superior bondadoso se hace realmente evidente por medio de nuestra conciencia de grupo.

Puesto que reconocemos que un Poder Superior se expresa a través de nuestra conciencia de grupo, ¿eso significa que las decisiones tomadas por un grupo nunca se deben cambiar? No, esto no es necesariamente el caso. Por ejemplo, al principio cuando nuestra comunidad se formó, los primeros miembros decidieron que deberíamos ser conocidos como "Fumadores Anónimos". En ese momento, el nombre era totalmente apropiado porque todos los fundadores eran fumadores. Años después, sin embargo, quedó claro que nuestro Poder Superior ya no quería que nos conocieran como "Fumadores Anónimos". Esto se hizo evidente cuando fue traído a nuestra atención que el nombre, "Fumadores Anónimos" ya estaba registrado legalmente por un médico que dirigía un programa que no tenía nada que ver con un proceso de recuperación de Doce Pasos.

Esto presentó un problema real para nuestra incipiente organización. El médico estaba dispuesto a licenciar el nombre y cobrarnos una cuota de licencia anual sustancial. La comunidad no tenía con que pagar tal cuota. El dilema fue presentado a la Quinta Conferencia Anual de Servicios Mundiales de Fumadores Anónimos, que se celebró en Phoenix, Arizona, en 1990. De acuerdo con los estatutos de nuestra comunidad, la Conferencia Anual de Servicios Mundiales sirve como "la conciencia colectiva de la comunidad de Nicotina Anónimos (entonces Fumadores Anónimos) en su conjunto".

Un miembro presente en este debate fundamental en la historia de nuestra comunidad describió el proceso como "la evidencia más dramática del trabajo de la mano guiadora de nuestro Poder Superior colectivo que jamás he visto". Ese debate se había iniciado desde una posición colectiva casi unánime a "pelear la buena batalla" para mantener el nombre completo de "Fumadores Anónimos". La idea era que cualquier programa que se llamara "Anónimos", tal como se aplica a la recuperación de la adicción, debe reservarse para uso exclusivo de programas auténticos de Doce Pasos.

Dentro de un par de horas, la posición colectiva casi unánime había cambiado 180 grados de una determinación combativa para mantener el término "Fumadores" a la aceptación del término "Nicotina". Fue algo así como "por supuesto que somos inclusivos y nuestro proceso de recuperación se trata de conseguir y mantener liberación de una droga, no de un sistema de entrega". Ese miembro describió el cambio impresionante, bajo la guía de un amoroso Poder Superior colectivo "como la entrada de la marea". La marea creciente inevitablemente arrastró a los participantes en la discusión a la conclusión de que había llegado el momento de aceptar la evolución natural de nuestra comunidad hacia Nicotina Anónimos, un nombre más inclusivo.

El cambio de nombre de nuestra comunidad es un ejemplo de conciencia de grupo operando al nivel de toda la comunidad. Sin embargo, la conciencia de grupo ocurre a varios niveles distintos en Nicotina Anónimos. La conciencia de grupo se expresa también en las reuniones semanales de Nicotina Anónimos, en las reuniones mensuales intergrupales, y en las reuniones periódicas de los funcionarios de la oficina de Servicios Mundiales (WSO) de Nicotina Anónimos. También existen muchas ocasiones en que se forman comités especiales para la planificación de conferencias o retiros, revisión de los estatutos de Nicotina Anónimos, preparación de literatura nueva o revisada, etcétera. Aunque estos comités pueden tener un moderador coordinando los esfuerzos del comité, utilizan conciencia de grupo para llegar a acuerdo en el comité.

A nivel de grupo, los miembros utilizan conciencia de grupo para determinar una amplia variedad de cosas. Por ejemplo, los grupos necesitan oficiales—miembros que estén dispuestos a servir en cargos como secretario, moderador o tesorero. Muchos grupos celebran reuniones de negocio rutinarias para elegir oficiales y determinar otros asuntos de negocio. Estos incluyen, ¿para cuánto tiempo servirán los oficiales?, ¿para cuánto tiempo deben ser abstinentes los miembros para ser elegibles para el cargo?, si el grupo servirá café en las reuniones, y ¿cuánto puede donar el grupo a su intergrupo local y a Servicios Mundiales de Nicotina Anónimos? Hay muchos otros asuntos relacionados con el grupo que se deciden por conciencia de grupo.

TERCERA TRADICIÓN

El único requisito para ser miembro de Nicotina Anónimos es el deseo de dejar de consumir nicotina.

Como comunidad mundial, Nicotina Anónimos quiere llegar a e incluir a cualquier usuario de nicotina que quiera unirse a nosotros en busca de una vida libre de la nicotina. Este único requisito para ser miembro lo mantiene simple, y lo mantiene sano. Solo tenemos un objetivo en que concentrarnos para establecer nuestra igualdad y simplemente dar la bienvenida a todos los recién llegados.

Se nos ha dado gratuitamente el don precioso de la recuperación y el agarre mortal de la adicción a la nicotina ha sido levantado de nuestras vidas. Lo único que se nos pidió fue que tuviéramos un deseo (no importa cuán pequeño) de dejar de usar la nicotina. Por lo tanto, ¿cómo podemos ahora pretender negar este don a los recién llegados?

Diferencias de creencias no deben interferir con el acceso al programa de un recién llegado ni con nuestro apoyo. Sin duda, es cierto que hay algunos entre nosotros que descubrieron por sí mismos que era necesario deshacerse de viejas creencias a fin de encontrar una nueva paz en la recuperación. Convertirse en miembro de Nicotina Anónimos, al igual que formar su propio sistema de creencia, es una decisión personal. De esta manera, la Tercera Tradición también nos protege de quedar atrapados en la toma de decisiones perjudiciales a los demás, especialmente a aquellos que aún están en las garras poderosas de la nicotina o que hayan recaído.

Como programa espiritual, reconociendo el deseo de dejar de usar la nicotina abraza el espíritu dentro de nosotros y evita juicios de valor sobre el comportamiento de la enfermedad. Por lo tanto, no es necesario que los recién llegados ya hayan dejado de usar la nicotina antes de que se unan a nosotros. Algunos recién llegados pueden tener dificultad para reconocer o admitir ese deseo. Para algunos de nosotros, el deseo era tan pequeño, que ni siquiera sentimos que teníamos un deseo hasta que día tras día, semana tras semana, reunión tras reunión, finalmente lo reconocimos y al final nos liberamos.

Al tener sólo este ÚNICO requisito para ser miembro, también mantenemos nuestra actitud receptiva a todos los que buscan la recuperación. Los recién llegados no tienen que pertenecer a ningún otro grupo, creer en Dios, donar dinero, o trabajar los Pasos de una manera determinada para unirse a nosotros. No tenemos miedo de las emociones expresadas cuando uno deja de usar la nicotina. Nadie está obligado a ser racional o lúcido o decir todo lo correcto en las reuniones. Hemos estado allí. No excluimos a nadie de nuestro programa por cualquier razón, incluyendo raza, reputación, credo, orientación sexual, género, discapacidad, o lugar de origen. Si los recién llegados no están seguros que el deseo de dejar de usar nicotina está dentro de ellos, pero están dispuestos a averiguarlo, son bienvenidos aquí.

La mayoría de nosotros vivimos en un pozo oscuro de negación, alienación y dolor a causa de la adicción a la nicotina durante muchos años. No dejaríamos a un adicto que sufre en el fondo de ese pozo—no cuando tenemos la cuerda de recuperación que podemos tirarle. Por supuesto, tiene que estar dispuesto a agarrar la cuerda para subir y unirse a nosotros. Pero eso es lo único que le exigimos.

Algunos de nuestros miembros sienten que en realidad fueron rescatados de su adicción por el simple hecho de pedir ayuda. Otros encuentran que el don de la recuperación de la nicotina fue más difícil de aceptar, teniendo que luchar para subir la cuerda y volver a caer hacia abajo muchas veces antes de mantener su abstinencia de la nicotina. La Tercera Tradición mantiene nuestras puertas abiertas y nuestros corazones estirados. Nuestras historias compartidas revelan tanto los aspectos más negativos de estar atrapados dentro de esta adicción y las alegrías de conocer una nueva libertad. No sólo estamos conscientes de los peligros de la adicción a la nicotina, pero también muy agradecidos por el don espiritual de la recuperación que hace posible nuestra libertad. Por lo tanto, seguimos asistiendo a las reuniones y tirando hacia abajo la cuerda de nuestra verdad, que es nuestra experiencia, fortaleza y esperanza, para que otros puedan ser levantados hacia la libertad.

Aunque este programa nos proporciona un enfoque espiritual para cumplir el deseo de libertad, alegría y paz, la mayoría de los adictos a la nicotina cayeron en el pozo como adolescentes inmaduros. Nos llevamos muchas veces por el mismo deseo de sentir más libertades y alegrías, y luego pasamos muchos años persiguiéndolas mediante el uso de la nicotina. Llegar a ver este deseo de nuevo es a menudo difícil. Al principio, puede que no habíamos querido renunciar a nuestra droga. Tal vez temíamos que no podríamos vivir sin ella. A pesar de asistir a muchas reuniones, o posiblemente abstenernos del consumo de nicotina durante algún tiempo, nos sentimos seguros de que no teníamos ningún deseo sincero de parar.

Sin embargo, una vez que hablamos este tema con otros miembros, encontramos otros que al principio tampoco habían sentido un enorme deseo de dejar de usar nicotina. Algunos incluso habían repetido en reuniones que no quieren dejar de usar nicotina en absoluto. Algunos de nosotros sólo queríamos vivir y teníamos miedo de que nos fuéramos a morir si continuamos usando la nicotina. Algunos sólo teníamos un deseo de encontrar la voluntad de nuestro Poder Superior para con nosotros. Algunos deseábamos mejorar nuestra salud. Muchos sólo queríamos dejar de usar la nicotina. Hemos llegado a comprender que cualquiera de estas razones, o incluso la simple voluntad de presentarnos a las reuniones, se pueden definir como un deseo de dejar de consumir nicotina.

Además, ha habido aquellos que tenían dificultades con el tema de la nicotina. Mientras sintieron que deseaban dejar de fumar o mascar tabaco, quizás no se sentían dispuestos a renunciar a algún otro sistema de entrega de nicotina. Cada uno de nosotros decide por sí como comenzar nuestro propio proceso y que el deseo de dejar de usar la nicotina en cualquier forma podrá llegar con el tiempo.

Una vez fuera de la cortina de humo que la nicotina colocó entre nuestros verdaderos deseos y pensamientos, nuestra experiencia colectiva ha demostrado que sí tenemos un gran deseo de salir librados de esta droga astuta y peligrosa. Además, la mayoría de nosotros también tenemos un gran deseo de vivir realmente nuestras vidas. Para muchos, volver a usar nicotina significaría renunciar a nuevas alegrías maravillosas que han llegado a nuestras vidas. Actividades como el senderismo, aerobic, cantar, compartir tiempo con los amigos, intimidad en nuestras relaciones, nuestra salud recién descubierta, e incluso la capacidad de quedarnos quietos durante una película o un viaje en avión se perderían si volviéramos a nuestra adicción. Nuestro deseo de continuar con nuestras nuevas vidas ahora es mucho mayor que cualquier deseo que todavía pudiéramos tener por nuestra droga.

Por lo tanto, si usted desea convertirse en miembro de Nicotina Anónimos, únase a nosotros. Si está dispuesto a hablarnos o entrar en nuestros salones, tenemos fe en que el deseo de dejar de usar la nicotina lo tiene dentro. No importa quién sea, no importa cuántas otras adicciones pueda tener, no importa cuáles sean sus problemas, usted encontrará algunos de nosotros que también los tenemos. Le queremos aquí con nosotros. Pensamos en usted y esperamos que elija a unirse a nosotros en la vida maravillosa y la libertad que hemos encontrado después de librarnos de la nicotina. ¡La Tercera Tradición es nuestra bienvenida a Nicotina Anónimos!

CUARTA TRADICIÓN

Cada grupo debe ser autónomo, excepto en asuntos que afecten a otros grupos o a Nicotina Anónimos considerado como un todo.

De acuerdo a la historia de nuestra comunidad, los grupos de Nicotina Anónimos (antes conocidos como Fumadores Anónimos) existían de forma autónoma sin siquiera saber de la existencia de los demás. Cada uno de ellos fue capaz de ayudar a los adictos a liberarse de la nicotina. Practicaban los Doce Pasos y / o ofrecían un sentido de comunidad.

En esencia, un grupo es dos o más adictos a la nicotina reunidos para lograr la abstinencia, y el grupo no pretende tener ninguna asociación oficial. Aunque nuestros intergrupos y la oficina de Servicios Mundiales realizan funciones valiosas, sólo existen para apoyar a los grupos y sus miembros. Los grupos son el corazón de Nicotina Anónimos. Es aquí donde se logra la recuperación y la abstinencia, donde los patrocinadores y los miembros se unen, y ocurren milagros. Estos grupos pueden y han llevado a cabo sus propios asuntos desde antes de que nuestra comunidad existiera oficialmente.

Es por eso que con confianza podemos permitir que nuestros grupos hoy sigan tomando todas sus propias decisiones sin interferir en sus asuntos. Cada grupo es libre de hacer cosas como organizar su propio formato de reunión, seleccionar temas de discusión y oradores, proporcionar fichas de aniversario para reconocer la abstinencia, y determinar si y cuándo donar fondos del grupo a un intergrupo o a Servicios Mundiales. Al igual que en las relaciones entre los miembros individuales, la relación entre los grupos y Servicios Mundiales se ve reforzada por la confianza, tanto dada como adquirida.

Sí animamos a todos los grupos a consultar con otros grupos, sus intergrupos, y Servicios Mundiales cuando embarcan en algo que pueda afectar a otros grupos o a la comunidad. Buscar consejo para evaluar un impulso o una idea es uno de los principios que sostiene nuestro proceso de recuperación. Ocurrió un caso hace muchos años cuando el moderador de un intergrupo fue contactado por el fabricante de un nuevo producto alternativa a la nicotina. La compañía les ofreció financiar y proveer de personal un número de teléfono gratuito si apoyaran a sus clientes y si incluyeran sus folletos sobre las mesas de literatura de los grupos de Nicotina Anónimos. Después de consultar con los miembros de otros grupos, la oferta fue rechazada prudentemente. Además de dañar la reputación de cualquier grupo involucrado, tal esfuerzo seguramente perjudicaría a la comunidad entera.

Incluso con tantas tentaciones de ir por mal camino, aún entendemos que los grupos necesitan tomar sus propias decisiones y cometer sus propios errores. Tenemos el derecho de aprender de nuestros errores. Como veremos más adelante en la Tradición Nueve, la comunidad tiene poca autoridad sino la de asesoramiento sobre los grupos en la mayoría de los asuntos. Sólo podemos transmitir la experiencia de otros grupos en situaciones semejantes. En última instancia, tenemos que tener fe en un Poder Superior que ha guiado a nuestros grupos a través de muchas decisiones difíciles, tales como las siguientes:

Muchos de los grupos del área de la Ciudad de Nueva York se desarrollaron de las viejas reuniones "AA para no fumadores". Estos fueron miembros de AA que se reunieron para tratar su adicción a la nicotina. Algunos de estos grupos cambiaron su nombre a Nicotina Anónimos, mientras que otros mantuvieron su viejo nombre "AA para no fumadores". El New York Metropolitan Area Intergroup tenía una lista muy breve de reuniones y muchos estaban ansiosos de incluir tantas reuniones como fuera posible. Por votó decidieron que estos grupos no podrían ser incluidos en la lista por su afiliación exterior. Desde entonces, muchos de ellos han decidido por conciencia de grupo convertirse en reuniones de Nicotina Anónimos. Esta decisión tuvo que ser tomada por los propios grupos individuales.

Tal vez la libertad que ofrecemos a nuestros grupos es parte de la atracción de nuestra comunidad. Permite que cada grupo crea reuniones que sirven mejor a sus miembros. Si bien es reconfortante asistir a reuniones en todo el mundo y ver los mismos Doce Pasos y Doce Tradiciones, los formatos variados, lecturas, historias y costumbres ofrecen una variedad maravillosa. Esto sirve para mantener las cosas interesantes y para que aprendamos a enfocarnos en nuestra recuperación con una mente abierta.

QUINTA TRADICIÓN

Cada grupo tiene un solo objetivo primordial: llevar el mensaje al adicto a la nicotina que aún esta sufriendo.

En sí, esta Tradición lleva un mensaje a todos los miembros del grupo. En primer lugar, los miembros de cada grupo, actuando en su conjunto, tienen que cumplir con *un solo objetivo primordial*. En segundo lugar, tenemos un *mensaje* valioso para compartir. En tercer lugar, se identifica específicamente a quien vamos a llevar este mensaje—*al adicto a la nicotina que aun sufre*.

A nivel de grupo, comunicamos nuestro mensaje tanto en el sentido de nuestras palabras, así como en forma de nuestras acciones. Tener un objetivo primordial nos sirve como una estrella guía, haciéndonos saber cuando estamos en curso. Con la recuperación llega un nuevo entusiasmo que puede llevar a los miembros de un grupo a tratar de ser muchas cosas para mucha gente. Un grupo necesita tener cuidado para no diluirse o distraerse en cuanto a su sentido de propósito.

Nuestra experiencia con la nicotina y la recuperación es lo que mejor conocemos. Compartir nuestra historia no requiere talento o entrenamiento especial. Cada uno de nosotros puede ofrecer lo que sabemos y lo que hemos llegado a creer. Llevar el mensaje también se realiza sin hablar, cuando escuchamos silenciosamente a nuestros compañeros. Al enfocarnos en nuestro objetivo primordial, un grupo aumenta la probabilidad de actuar de buena fe para con nuestros principios y mantenerse unido en el proceso. En esta sencillez está la fuerza.

Como comunidad, entendemos este principio espiritual: para mantener la recuperación que hemos recibido tenemos que seguir regalando este *don* a otros que aún sufren. Al no hacerle caso a esta verdad, corremos el riesgo de una recaída como individuos y arriesgamos la preservación del grupo. Esta es una misión de amor extendiéndose a cualquiera de los miembros aún en las garras de la nicotina o luchando con otros aspectos de su recuperación.

Aunque somos un programa fundado en el anonimato, no crecemos en la oscuridad. Este amor se expresa también en nuestros esfuerzos de alcance a aquellos que todavía no han oído hablar de nuestro programa. Llevar el mensaje es nuestra recuperación en acción. Tratamos de actuar de una manera que atrae a los demás, para que se les conceda la misma paz que buscamos. Nuestra cálida bienvenida nos abre el corazón y nos rescata del aislamiento de la adicción. La lucha de un recién llegado nos ayuda a recordar de dónde venimos, cada vez profundizando nuestra gratitud por otro día libre de la nicotina.

Nicotina Anónimos tiene cinco herramientas que nos ayudan a vivir libres de la nicotina. Las cinco herramientas son: las reuniones, la lista de teléfono / email, la literatura, el patrocinio, y el servicio. Las herramientas son también un medio por el cual podemos llevar nuestro mensaje a otros que buscan ayuda. Las reuniones llevan el mensaje al recordarnos a dirigir nuestra atención hacia la solución en vez de hacia el problema. En esto, hay esperanza y fuerza. El compartir proporciona una oportunidad para que los recién llegados identifiquen con la experiencia del pasado de los demás, mientras escuchan y ven posibilidades de cambio. Son testigos de la honestidad y la esperanza en un ambiente seguro y comprensivo. El mensaje de primera mano que ofrecen nuestros miembros es único y poderoso.

La lista de teléfonos de un grupo aumenta cada vez que un miembro este dispuesto a agregar su nombre y ofrecer apoyo entre reuniones. Esta lista es especialmente importante al adicto que aún sufre y cuyo deseo de liberarse puede luchar para hacerse oír por encima del fastidio persistente de la nicotina.

Los recién llegados que aún no se sienten cómodos hablando en las reuniones pueden encontrar más facilidad utilizando tales formas de comunicación. Tenemos un mensaje gentil al cual cada uno puede prestar atención a su propio ritmo.

Nuestra literatura está escrita por los miembros, revisada por los servidores de confianza, y considerada oficial por los delegados que votan en nuestras conferencias anuales para asegurar que lleva nuestro mensaje. Nuestra experiencia está disponible en varias formas, tales como folletos, libros, CDs y MP3s. Servicios Mundiales y algunos intergrupos publican boletines de noticias donde los miembros también contribuyen su experiencia individual. Sabemos que si no alcanzamos a los que siguen sufriendo corremos el riesgo de estancamiento y de no tener un propósito vital.

El patrocinio es la encarnación del principio de cómo uno mantiene su recuperación regalándola amablemente a otro miembro Los patrocinadores llevan el mensaje compartiendo el camino de la recuperación cara a cara, escuchando con atención, y demostrando a través de la acción cómo funciona Nicotina Anónimos.

El servicio es nuestra gratitud en acción. Hacer servicio lleva nuestro mensaje de compromiso y responsabilidad. El servicio también puede llevar el mensaje como una manera de hacer reparaciones, mostrando que hemos mejorado nuestro comportamiento o actitud. Los miembros que sirven se convierten en modelos a imitar, a menudo extendiéndose más allá de sus miedos y limitaciones anteriores con el fin de cumplir con nuestro objetivo primordial.

Tener un objetivo primordial mantiene la intención de nuestro mensaje sencillo y claro, lo que pueda disminuir algunas sospechas que puedan tener los que aún sufren acerca de un grupo. Muchos de nosotros teníamos dudas y temores acerca de unirnos a grupos al principio. Por ejemplo, los recién llegados pueden tener preocupaciones sobre cuestiones religiosas cuando se enteran de que somos un programa de base espiritual. Es imperativo que honremos nuestro Preámbulo respecto a que Nicotina Anónimos no está afiliada a ninguna organización religiosa o política.

Al llevar el mensaje de manera apropiada, cada grupo le demuestra al adicto a la nicotina que aún sufre que nos importa y lo que es posible cuando uno no está bajo la influencia de la nicotina. Un objetivo primordial nos proporciona un enfoque que nos recuerda que debemos reconocer y valorar las prioridades. Todo esto y más revela la dimensión entera de nuestro mensaje de recuperación.

SEXTA TRADICIÓN

Un grupo de Nicotina Anónimos nunca debe respaldar, financiar o prestar el nombre de Nicotina Anónimos a ninguna entidad allegada o empresa ajena, para evitar que los problemas de dinero, propiedad y prestigio nos desvíen de nuestro objetivo primordial.

A fines del siglo 21, esta Tradición fue mencionada en las decisiones tomadas sobre la vinculación de nuestra página web a las de otras organizaciones. Algunos miembros pensaron que la vinculación implicaría afiliación. Esta Tradición nos permite *cooperar* con entidades externas, pero no *afiliarnos*. Discernir la diferencia entre esas dos palabras (*cooperar* y *afiliarse*) fue un reto para algunos en Nicotina Anónimos.

Algunos miembros querían que lanzáramos la precaución al viento y que nos conectáramos con todas y cualesquiera que tuvieran algo que ver con dejar de usar la nicotina. Algunos pensaban que sería "justo" porque muchas organizaciones nos recomiendan. Sin embargo, a partir de este escrito, nuestra conciencia de grupo ha decidido que nuestra página web mencione otros recursos, pero que no proporcione enlaces a esos sitios. También hemos decidido que otros sitios pueden tener enlaces con nosotros, pero no vamos a proporcionar enlaces recíprocos.

Vemos a otras organizaciones que ayudan a las personas a dejar de fumar y algunos de sus "graduados" entran en nuestras habitaciones. Algunos de nuestros miembros han preguntado por qué no deberíamos unirnos con ellos y tomar ventaja de algunas de sus infraestructuras. O bien, si eso está fuera de orden, preguntan por qué no podemos por lo menos respaldarlos, especialmente en las ciudades y pueblos donde no tenemos reuniones. La gente siempre nos pide los nombres y números de teléfono de centros de rehabilitación donde podrían ir para una semana de abstinencia de nicotina. Algunos de nuestros miembros han preguntaba si deberíamos enviarlos a la página web de Nicotina Anónimos para que puedan hacer clic en un enlace para obtener la información que necesitan tan desesperadamente. Estos miembros han preguntado, "¿Eso no ayuda al adicto que aún sufre?" La Sexta Tradición nos dice que esto no es la forma en que nuestro programa les ayudará. La Sexta Tradición nos ayuda a *mantenerlo simple* y tener relaciones apropiadas pero provechosas con otras organizaciones a nivel de comunidad.

Aunque cada entidad empieza como una entidad separada, cuando se establece una relación, ocurre (ya sea en la realidad o en la percepción) una mezcla inevitable de identidades y / o política. La dificultad para nosotros sería si, por ejemplo, formáramos tal relación con otra organización. Mientras las dos puedan tener el interés común de la buena salud y la espiritualidad, con la afiliación cada organización perdería parte de su carácter original y su especialidad. La Sexta Tradición nos protege de diluir o alterar lo que somos y lo que hacemos. La Sexta Tradición mantiene la capacidad única de nuestra comunidad para ayudar al adicto a la nicotina que aún sufre.

Reconocemos que las personas sí tienen otros problemas y los miembros deben ser capaces de informarles a otros miembros acerca de recursos en los que podrían solicitar asistencia adicional sin el riesgo de que nuestra comunidad llegue a afiliarse con esos otros grupos. Por ejemplo, algunos suelen ganar un poco de peso cuando dejan de fumar. A base personal, no hay nada malo en compartir información acerca de otra comunidad u organización que podría ser de más ayuda a un compañero, pero que nuestra comunidad se afilie oficialmente con ese otro grupo u organización sería un gran error.

Durante la década de los ochenta, uno de nuestros miembros fue contactado por una compañía farmacéutica que producía un chicle de nicotina para ayudar a dejar de fumar. La compañía nos iba a ofrecer un número telefónico gratuito muy necesitado, junto con una persona para mantener una base de datos de nuestra lista de reuniones en todo el mundo. Este servicio hubiera sido totalmente gratuito para nosotros. A cambio, nos habríamos visto obligados a poner la literatura de esta compañía en nuestra mesa de literatura con nuestra propia literatura aprobada por la Conferencia. Fue una oferta tentadora, pero gracias a la sabiduría de la Sexta Tradición rechazamos su oferta.

Tenemos una válvula de seguridad muy poderosa en forma de la Sexta Tradición. Ayudar al adicto que aún sufre es nuestro objetivo primordial. La Sexta Tradición ayuda a nuestra comunidad a centrar nuestros esfuerzos en esa tarea esencial y evitar ser desviada o diluida por una empresa externa o incluso un centro afín.

SÉPTIMA TRADICIÓN

Todo grupo de Nicotina Anónimos debe mantenerse completamente a sí mismo, negándose a recibir contribuciones de afuera.

Una función clara de esta Tradición es guiar cómo aceptamos contribuciones monetarias— sólo de nuestros miembros y no de ningunos donante externos, no importa cuán bien intencionadas sean esas ofertas. De esta manera cada grupo mantiene su autonomía y nuestra comunidad sigue siendo independiente. Es de vital importancia que no aceptemos ningunas contribuciones de afuera, para evitar que nos volvamos dependientes de esa persona o grupo para nuestra supervivencia. Nuestra supervivencia necesita ser determinada por nuestras propias contribuciones; de lo contrario es posible que nos involucremos en asuntos exteriores y en la política. Estos otros motivos podrían debilitar y confundir nuestro mensaje, amenazando o incluso poniendo fin a nuestra misión.

Temprano en la vida de un determinado grupo de Nicotina Anónimos, muy amablemente se les ofreció un lugar de encuentro gratuito. Varios miembros sostuvieron que como era un grupo pequeño, su supervivencia dependía de aceptar esa oferta. Sin embargo, a través de conciencia de grupo, se determinó que para que el grupo mantuviera su autonomía, tendría que declinar esta oferta tan generosa. En cambio, decidieron negociar una "donación" mensual a cambio de una sala de reuniones. El grupo se dió cuenta de que ésta fue una decisión vital que protegió la integridad de nuestro mensaje y honró esta Tradición de nuestra comunidad. Incluso si eso significaba que esta reunión se podría cerrar sin recibir contribuciones de afuera, el grupo estaba dispuesto a aceptar esa posibilidad.

Examinando esta Tradición más a fondo, no podemos ser totalmente autosuficientes sin que cada uno de nosotros contribuya servicio a nuestro grupo, al intergrupo, y a Servicios Mundiales. El servicio no es sólo una de las herramientas de la recuperación personal, es la sangre vital de nuestra comunidad entera. Si sólo *sacamos provecho* de la comunidad, ya no estamos *construyendo* una comunidad. Cada vez que alguien se contenta con sentarse y dejar que "alguien más" haga los compromisos necesarios, la existencia de

138

un grupo, y finalmente de Nicotina Anónimos misma está amenazada.

Autosuficiente a través del servicio implica acciones tales como asistiendo a reuniones habituales y de negocios con regularidad, compartiendo en las reuniones, trabajando los Pasos, patrocinando, haciendo preparaciones para las reuniones y limpiando después, suscribiendo y contribuyendo a boletines de noticias de la comunidad, así como aceptando posiciones como moderador, tesorero o secretaria. El servicio autosuficiente, tanto o más que las contribuciones monetarias, asegurará nuestra capacidad continua para atender a todos los usuarios de la nicotina que buscan nuestra ayuda. Así, haciendo honor a esta Tradición, mantenemos nuestro objetivo primordial y la base espiritual sobre la que se basa nuestra comunidad.

OCTAVA TRADICIÓN

Nicotina Anónimos nunca tendrá carácter profesional, pero nuestros centros de servicio pueden emplear trabajadores especiales.

Con el fin de mantener nuestro fundamento espiritual necesitamos determinar límites apropiados con respecto a la participación de profesionales. La manera en la cual los miembros sirven a nuestra comunidad tiene que estar en conformidad con todas nuestras Tradiciones y Pasos. La integridad de los principios de nuestro programa no debe verse comprometida o estar bajo sospecha por asuntos afines a las ganancias monetarias.

Una de las funciones de nuestro objetivo primordial, el anonimato, es que les otorga a todos los miembros igualdad de estatus. Si algunos miembros llevaran nuestro mensaje de recuperación identificados como "profesionales pagados de Nicotina Anónimos" el resultado sería una desigualdad de estatus. Tal desigualdad implícita podría llevar a otros miembros a sentirse menos valorados o menos inclinados a servir al grupo o incluso a compartir su historia. Un miembro que gana económicamente por llevar el mensaje de Nicotina Anónimos no estaría en consonancia con el principio espiritual de la recuperación personal—de dar libremente lo que nos han dado libremente.

Nuestro Preámbulo señala que no hay cuotas ni honorarios para ser miembro de Nicotina Anónimos. La Tercera Tradición establece que el único requisito para ser miembro es el deseo de dejar de consumir nicotina. Hacer que los miembros cobren como profesionales para el trabajo del Duodécimo Paso sería contrario a nuestros principios.

Sin embargo, la Séptima Tradición guía a nuestros grupos para que sean autosuficientes. Para que nuestra comunidad funcione de manera eficaz y eficiente existen circunstancias prácticas y apropiadas para que miembros que comprenden nuestro programa sean pagados o tengan los gastos cubiertos por los servicios prestados. Estos miembros serian considerados como "trabajadores especiales". Ayudarían con las tareas habituales del funcionamiento de la comunidad de una manera que apoya nuestros esfuerzos para ayudar a los adictos a la nicotina.

Por ejemplo, podría ser apropiado compensar económicamente a un gerente de oficina profesional con las habilidades necesarias para dirigir los negocios en curso de un intergrupo o de Servicios Mundiales. Fondos de la comunidad podrían pagar a un miembro cuyo trabajo consiste en responder a los pedidos de literatura y mandar paquetes por correo a los grupos y a miembros individuales. Aunque los voluntarios ofrecen sus talentos para servir libremente en muchas capacidades, no se puede esperar que lleven el mensaje de la recuperación además de llevar toda la carga de dirigir todos los aspectos de nuestra comunidad.

Además, los profesionales de la salud pueden hacer arreglos para tener reuniones al alcance en sus agencias para servir a los clientes y pacientes. Un miembro podría abrir un centro de rehabilitación de la nicotina como carrera. Siempre y cuando no reciban compensación económica por directamente hacer trabajo del Duodécimo Paso de Nicotina Anónimos como miembros de Nicotina Anónimos, no están violando esta Tradición. Los terapeutas que son también miembros de Nicotina Anónimos pueden tratar a los clientes para la adicción a la nicotina, pero al asistir a las reuniones de Nicotina Anónimos simplemente como miembros, no tienen más autoridad o estatus que cualquier otro miembro. Las reuniones no son un "lugar de trabajo", y ningún profesional debe solicitar clientes en las reuniones. Ningún miembro puede ser un "profesional de Nicotina Anónimos".

Las reuniones de Nicotina Anónimos no son grupos de terapia facilitados por profesionales. Por lo tanto, no respaldaríamos ninguna forma de terapia porque la Décima Tradición nos guía a no tener una opinión acerca de asuntos ajenos. Nuestro programa es único. Consiste en los Doce Pasos y las Doce Tradiciones. Éstos, junto con las cinco herramientas, son lo que sabemos y lo que ofrecemos.

NOVENA TRADICIÓN

Nicotina Anónimos como tal nunca debe ser organizada, pero podemos crear juntas o comités de servicio directamente responsables ante aquellos a quienes sirven.

Al principio, esta declaración puede crear una paradoja acerca de nuestro programa. Si no tenemos organización, entonces ¿cómo es que tenemos nuestros intergrupos, la oficina de Servicio Mundial, la junta directiva y comités? ¿No son estos ejemplos de organización? Sin organización, ¿no tenemos la anarquía?

Bueno, sí, sí tenemos la anarquía. La anarquía es la ausencia de gobierno, y ciertamente no tenemos gobierno. Sin embargo, lo que sí tenemos son funcionarios, empleados y voluntarios que sirven a la totalidad de nuestra comunidad. Tanto si hablamos de un voluntario de teléfono, un oficial de la junta, o un asistente de oficina asalariado, cada uno trabaja para servir a las necesidades de la comunidad en general y de los miembros individuales que lo solicitan.

En realidad nos da mucho consuelo esta falta de estructura. Los líderes de cada grupo, comité o junta están ahí para servir a los miembros, no para dictar o imponer su voluntad. Nadie puede decirle a ningún miembro o grupo lo que tiene que hacer. Al igual que los Pasos, nuestras pautas y tradiciones son sugerencias. En la experiencia de muchos de nuestros miembros, no trabajar los Pasos ha tenido consecuencias extremas, a menudo conduciendo a la recaída. Lo mismo puede decirse de nuestras Tradiciones. Muchas veces hemos visto que falta de adherencia a las Tradiciones conduce a la desaparición del grupo. Aun así, sólo podemos hacer sugerencias basadas en nuestras experiencias de cómo otros grupos lidiaron con situaciones semejantes. No existen reglas de cumplimiento o poder judicial en nuestra comunidad. De hecho, son los servidores y dirigentes que tienen que responder a los miembros y grupos de Nicotina Anónimos.

Cada grupo, intergrupo, y Servicios Mundiales fija sus propios parámetros para la elección de sus servidores y dirigentes. Puede haber una simple rotación de responsabilidad o una elección formal de oficiales. Los elegidos o escogidos derivan su autoridad exclusivamente de aquellos que los han seleccionado. Están encargados con la tarea de servir a la comunidad de acuerdo con los principios del programa y a defender las Doce Tradiciones de Nicotina Anónimos.

En los primeros días, los grupos existían sin intergrupos regionales o una oficina de Servicios Mundiales. Hoy en día, estos comités regionales y Servicios Mundiales proporcionan servicios esenciales, tales como la impresión de las listas de reuniones, distribución de literatura, contestando llamadas de teléfono y correspondencia, y difundiendo el mensaje de nuestra comunidad donde sea posible. Servicios Mundiales imprime toda la literatura aprobada por la Conferencia. A través de los años estos servicios han demostrado ser esenciales para la existencia de nuestra comunidad y para nuestra recuperación personal. La mayoría de nosotros no podemos imaginar el programa sin ellos.

Cuando nuestros voluntarios verdaderamente abrazan los humildes principios de servicio, compañerismo y altruismo, no hay necesidad de agarrar en vano los poderes del control, prestigio y egoísmo. Un espíritu de cooperación y una unidad de propósito son lo único necesario para proporcionarle a Nicotina Anónimos su estructura única de servicio, compañerismo, y recuperación.

DÉCIMA TRADICIÓN

Nicotina Anónimos no tiene opinión acerca de asuntos ajenos a sus actividades; por consiguiente, su nombre nunca debe mezclarse en polémicas públicas.

La Décima Tradición nos ayuda a recordar cumplir con nuestro objetivo primordial, que es llevar el mensaje al adicto a la nicotina que aún sufre. Por lo tanto, Nicotina Anónimos no debe desviar su atención involucrándose en asuntos ajenos o controversia pública.

Como adictos a la nicotina en recuperación sabemos que el uso de la nicotina es dañino y algunos pueden, de hecho, creer que debería ser prohibido, controlado o limitado. Por lo tanto, es tentador decir que debemos apoyar las demandas contra las compañías de tabaco, poner anuncios que apoyan la ilegalización de la nicotina, participar con grupos que quieren prohibir el fumar, o apoyar a políticos que tratan de limitar los lugares donde se pueda fumar.

La Décima Tradición nos dice claramente "No". No tenemos ninguna opinión en grupo sobre las empresas tabacaleras, diversos productos de nicotina, o el uso de nicotina de los demás. Es cierto que nosotros, como individuos adictos podríamos tener diferentes opiniones sobre estos temas. Sin embargo, como grupo, como Nicotina Anónimos, no expresamos ni tomamos posición alguna.

Fumando, usando tabaco en polvo, mascando... éstas son cosas que todos disfrutábamos en algún momento mientras usábamos la nicotina. ¿Cómo dejamos de usarla?, ¿cómo llegamos a creer?, ¿cómo logramos liberarnos de esta poderosa adicción? ... estas son las cosas que compartimos con el fin de ayudar a la persona que aún sufre.

Ningún miembro, utilizando el nombre de Nicotina Anónimos O que afirma ser portavoz de nuestro programa O como representante de Nicotina Anónimos, jamás debería expresar una opinión, en el ámbito público, sobre temas controversiales, especialmente aquellos que tengan que ver con la política, la reforma de la nicotina, o la religión. Nicotina Anónimos no respalda ni se opone a ninguna causa o candidato. Ni siquiera nos oponemos a la fabricación, venta o uso de productos de nicotina. Como comunidad, no tenemos opinión alguna sobre los subsidios del gobierno a los productores de tabaco o cuándo, cómo y dónde se envasa o consume la nicotina. Aunque Nicotina Anónimos es un programa espiritual, no tenemos ninguna opinión sobre la religión o las instituciones religiosas. Muchos de nosotros venimos de diferentes orígenes religiosos y políticos. Insistir en que cualquier miembro apoye una determinada religión o causa política no sólo destruiría nuestra comunión, pero violaría la primera Tradición en cuanto a la importancia primordial de nuestra unidad común.

Los fundadores del programa de Alcohólicos Anónimos sábiamente decidieron no enfrentar a los fabricantes de bebidas alcohólicas o participar en un movimiento de templanza para prohibir el alcohol. Se dieron cuenta de que tal movimiento sería inútil y probablemente destruiría el fundamento de su recuperación. Del mismo modo, Nicotina Anónimos no puede desviar de nuestro objetivo primordial para clamar contra las compañías de tabaco o promover legislación en cuanto a cómo y cuándo las personas pueden fumar, usar tabaco en polvo, o mascar.

Además, muchos usuarios de la nicotina decidieron poner fin a su uso de la nicotina con la ayuda de medios de abstinencia como el parche de nicotina, el chicle de nicotina, o medicamentos recetados. El uso de tales sustancias depende de cada individuo y no debe ser dictado o criticado por el grupo. Prestando apoyo para poder vivir libre de la nicotina es nuestro objetivo primordial, no la manera que un miembro individual escoge para liberarse.

Puede ser personalmente difícil cumplir con esta Tradición porque es probable que todos tengamos opiniones sobre estos temas. Sin embargo, cuando actuamos como representante de Nicotina Anónimos, tenemos que evitar los debates públicos sobre temas tan polémicos, centrándonos en cambio en mantener la cordura y la fuerza de nuestra comunión para que podamos ser útiles al adicto a la nicotina que aún sufre.

UNDÉCIMA TRADICIÓN

Nuestra política de relaciones públicas se basa más bien en la atracción que en la promoción; necesitamos mantener siempre nuestro anonimato personal ante la prensa, la radio, la televisión y el cine.

Como adictos a la nicotina nuestras vidas estaban fuera de control e ingobernables. Usábamos la nicotina al extremo. Uno no era suficiente, miles no fueron suficientes. No vimos ningún problema con los extremos a que llegamos con fin de obtener y mantener un suministro diario de nicotina. Nuestro comportamiento con la nicotina, o sea inhalando o mascándola, carecía de límites mientras nuestro humo, colillas, o escupitajo contaminaba los alrededores dondequiera que fuéramos.

Como muchos de los principios de nuestro programa, la Undécima Tradición nos guía en nuestra recuperación para contar con límites adecuados al "llevar el mensaje" a los que están fuera de nuestra comunidad. La integridad y longevidad de nuestra comunidad depende de este principio ya comprobado. Por supuesto queremos que la gente conozca lo que ofrecemos. Sin embargo, es esencial que el enfoque permanezca en el programa en lugar de en las personalidades dentro de la comunidad. Queremos que la gente sea *atraída* a nuestro programa debido a sus principios, no por quienes son sus miembros. El anonimato no sólo protege al individuo, protege al programa de los defectos humanos que todos tenemos.

El anonimato no es un asunto que cada miembro determina por sí mismo. Si un miembro fuera a pensar: "A mi no me importa si el público sabe que soy miembro de Nicotina Anónimos, no tengo nada que ocultar", esto sería ignorar que este es un programa de "NOSOTROS", no un programa de "YO". Los principios espirituales de Nicotina Anónimos incluyen la humildad, que es esencial para nuestra recuperación. Considere que si un miembro acapara la atención, entonces otros podrían ponerse celosos o tratar de competir. Esto deterioraría la unidad. Además, los miembros de Nicotina Anónimos deben permanecer conscientes de que, a pesar de que no estamos afiliados a Alcohólicos Anónimos (y otras comunidades de Doce Pasos), somos parte de una comunidad de recuperación compartiendo este programa y tenemos que mostrar nuestro respeto y agradecimiento honrando esta Tradición por el bien de todos.

Los medios de comunicación están llenos de anuncios con famosos promocionando productos. Los anuncios pueden ser eficaces para las corporaciones, pero hay riesgos. Si esa personalidad "cae en desgracia" o si la "pedestal" de alguna se convierte en blanco para la prensa, la situación podría reflejar mal en la empresa o producto. Nicotina Anónimos reconoce que las recaídas son una realidad de la que ningún miembro es inmune. Nicotina Anónimos acepta la sabiduría aprendida por Alcohólicos Anónimos— promociones destacadas en la persona no son la mejor manera de llevar el mensaje.

Muchos recién llegados oyen hablar de nosotros por el boca a boca de otros miembros o por avisos de reuniones locales en que invitan a asistir a cualquier persona con un deseo de dejar de usar la nicotina. La publicidad en diversas formas ha sido también un medio importante para que el adicto a la nicotina que aún sufre se entere de Nicotina Anónimos. Temprano en la historia de nuestra organización, un miembro escribió un artículo para *Readers Digest* sobre nuestro programa, y el artículo aumentó apreciablemente la conciencia pública de nuestra existencia. Además, columnas en *Dear Abby* y *Ann Landers* referentes a nuestra comunidad llamaron la atención de muchos. Estos no eran ejemplos de auto-promoción, ya que mantuvieron el enfoque en la comunidad.

Hay muchas maneras de dar a conocer adecuadamente lo que ofrecemos. SMNA tiene folletos adecuados para actividades de divulgación, tales como "Introducción a Nicotina Anónimos", "Para el recién llegado y patrocinio en Nicotina Anónimos" y "Presentación de Nicotina Anónimos a la profesión médica". Servicios Mundiales de Nicotina Anónimos también tiene discos compactos con un anuncio de servicio público, y miembros pueden pedir que las estaciones locales de radio la emitan. Otros ejemplos son los siguientes: anuncios de reuniones locales en los periódicos y en tarjetas de presentación; información proporcionada a las divisiones locales de organizaciones nacionales de salud; literatura de Nicotina Anónimos presentada en las ferias de salud u ofrecidos a las oficinas de profesionales de salud y de hospitales.

Si un miembro escribe un libro o va ser entrevistado por los medios de comunicación públicos hay algunas opciones apropiadas.

Individuos pueden usar sus nombres completos si no mencionan que son miembros de Nicotina Anónimos y simplemente se identifican como adictos a la nicotina. Si se identifican como miembros de Nicotina Anónimos, la otra opción sería ocultar sus rostros y usar sólo sus nombres de pila.

Muchos de nuestros miembros no se presentaron a una reunión la primera vez que se enteraron o tampoco trabajaron los Pasos la primera vez que los leyeron. No se les podía "vender" este programa, tenían que estar listos. La mejor manera de llevar este mensaje es compartiendo nuestra experiencia, fortaleza y esperanza en reuniones, sirviendo en actividades de divulgación, explicando con franqueza de que se trata Nicotina Anónimos, y viviendo los resultados de nuestro despertar espiritual mediante la práctica de los principios del programa en nuestras vidas diarias. Si lo que los adictos a la nicotina ven y escuchan los atrae, encontrarán nuestra cálida bienvenida.

Por respeto a los demás, no le decimos a la gente que *necesitan nuestro programa* o lo que *deben* hacer. No aseguramos a todos una "garantía de éxito". No estamos vendiendo, estamos mostrando.

La fe y la humildad son principios espirituales, y para seguir siendo un programa espiritual, tenemos que practicar la fe y la humildad en nuestra política de relaciones públicas.

DUODÉCIMA TRADICIÓN

El anonimato es la base espiritual de todas nuestras Tradiciones, recordándonos siempre anteponer los principios a las personalidades.

El anonimato es tan fundamental para nuestro programa que nuestro nombre está basado en él. El enfoque en la nicotina y el compromiso espiritual al anonimato son elementos esenciales en lo que distingue nuestro programa de recuperación de otros programas de grupo. Al honrar la Duodécima Tradición, los miembros llegan a darse cuenta de los beneficios espirituales que ayudan a mantener nuestra comunidad y apoyan el proceso de recuperación.

El anonimato iguala a todos nosotros equitativamente. Esta igualdad fomenta un sentido de unidad, un poder más grande que los individuos solos. Nuestro bienestar común depende de la unidad y el sacrificio, tal como se afirma en la Primera Tradición. Al aceptar humildemente el anonimato, los miembros desarrollan fortaleza espiritual. El anonimato y la humildad son compañeros espirituales, cada uno mejora al otro.

En nuestra Oración del Tercer Paso, pedimos que nos libere de la esclavitud del egoísmo y de los motivos egoístas. Nuestra adicción nos hacia comportarnos de manera egoísta. La obsesión mental nos hizo creer que consumir nicotina era más importante que el bienestar de cualquier otra persona, incluso el de nuestros seres queridos. Ni nuestra recuperación ni nuestra comunidad pueden sobrevivir los motivos egoístas.

El anonimato nos guía para servir en lugar de gobernar, nos mueve a hacer el bien en este mundo y a mostrar bondad. Evitando la auto-promoción, es menos probable que vayamos a exponer nuestras opiniones acerca de asuntos ajenos. Nuestras intenciones serán más atractivas mientras llevamos el mensaje de Nicotina Anónimos. Para que nuestros grupos sean autosuficientes, los miembros individuales no pueden actuar solamente en su propio interés.

Anteponiendo los principios a las personalidades, podemos mejor aceptar a *cualquier* persona con el deseo de dejar de usar la nicotina y permanecer enfocados en nuestro objetivo primordial. Los recién llegados pueden sentirse más bienvenidos cuando la personalidad no es la norma por la cual uno es medido. La aceptación nos impulsa por el camino hacia un despertar espiritual.

Es más probable que el principio de confidencialidad se honre donde se practica el anonimato. Esto aumenta las posibilidades de que los recién llegados *seguirán apareciendo* y comenzarán a dejarse llevar. La nicotina no tiene menos efecto sobre los que tienen fama, riqueza, intelecto, o cualquier otro tipo de "ventaja social". Todos comenzamos con el Primer Paso. Del mismo modo, el anonimato está ahí para proporcionar, incluso a los famosos, la oportunidad de comenzar con el Primer Paso y asegurarse que su confidencialidad será respetada por todos los miembros. La confidencialidad engendra confianza. Donde hay confianza, el valor para cambiar puede recibir el apoyo de los demás miembros. La confianza puede profundizar la fe de uno en el cuidado y consejo de un Poder Superior.

Consciente de la Duodécima Tradición, los miembros atienden al mensaje y no al mensajero. Los seres humanos pueden decaer, mientras que los principios perduran. La humildad nos permite estar atentos a la verdad, mientras que el orgullo nos permite creer nuestras propias excusas y racionalizaciones.

Reconociendo que los humanos pueden decaer, también nos damos cuenta que la confidencialidad no se puede garantizar en las reuniones, ya que hay recién llegados presentes que todavía no están familiarizados con esta Tradición. El formato de cada grupo debe claramente recordar a los miembros que la confidencialidad es imprescindible para la supervivencia de nuestra comunidad. La confianza es preciosa y todos los miembros deben tratarla con cuidado.

Sin embargo, la práctica de usar sólo nombres de pila no significa que una persona no puede usar un apellido dentro de los confines de un grupo o en funciones de comunidad. Puede haber ocasiones en que el uso de nombres y apellidos facilita las responsabilidades organizativas o el recibo de correos. Son los beneficios mencionados en este texto los que hacen del anonimato una práctica esencial.

Ejercer el anonimato y la humildad no quiere decir que no podemos celebrar. Los grupos pueden celebrar la abstinencia o el aniversario de un miembro con aplausos y fichas. Esto no tiene la intención de elevar el estatus de algún miembro, sino simplemente de celebrar la recuperación provocada por el esfuerzo honesto y la gracia de un Poder Superior.

Tanto nuestra recuperación personal y el crecimiento continuo de nuestra comunidad requieren el anonimato humilde con el fin de mantener nuestro camino espiritual. La autoconfianza es saludable cuando se equilibra con gratitud por la gracia que recibimos y los principios que seguimos. Nuestro programa, al estar abierto a un Poder Superior definido por la comprensión propia de cada miembro, antepone los principios a las personalidades incluso a ese nivel espiritual. En un mundo diverso, el principio de anonimato nos permite unirnos en una búsqueda común y cumplir con el objetivo primordial de nuestra comunidad.